競争優位の終焉

The End of Competitive Advantage
How to keep your strategy moving as fast as your business

市場の変化に合わせて、
戦略を動かし続ける

リタ・マグレイス 著 Rita McGrath
鬼澤 忍 訳 Shinobu Onizawa

日本経済新聞出版社

あなたは、ちょっとばかり立派な役所の仕事に就いた私の自己満足を吹き飛ばしてくれた。

「トップ5」の学校なら博士号の価値がある——さもなければその価値はない、と言って。

私たちは子供をもうけ、大好きな町を去り、友人と別れ、住宅ローンを組んだ。

私は悲しい気分だった。物事を変えるのはとても大変なことだから。

でも、私たちはとてもすばらしい何かを築きつづけた——力を合わせて。

ジョンへ、私たちの次の章に何があるのかを見つけるために。

The end of competitive advantage
how to keep your strategy moving as fast as your business
by
Rita Gunther McGrath

Published by arrangement
with Harvard Business Review Press, Watertown, Massachusetts
through Tuttle-Mori Agency, Inc., Tokyo.

はじめに

戦略が行き詰まっている。

あなたが取締役会や幹部会議に参加したとしよう。そこで耳にする多くの戦略的思考は、どこか別の時代に、その時代のために構想された概念やフレームワークに基づいている可能性が高い。その手の有力理論――たとえばマイケル・ポーターのファイブフォース（五つの競争要因）分析、企業の製品ポートフォリオを分析するＢＣＧマトリクス、ハメルとプラハラードのコア・コンピタンス（得意分野）――はどれもきわめて重要なものだ。[1] 多くの戦略がいまでもそうした理論に則っている。だが、現在用いられている戦略のフレームワークやツールはほぼすべて、ある一つの考えに支配されている。つまり、戦略の目的は持続する競争優位の確立だというものである。この考え方は戦略のもっとも基本的なコンセプトであり、あらゆる企業の至高の目標だ。ところが多くの企業にとって、この考えはもはやふさわしいものではなくなってきている。

本書で私は、この「持続する競争優位」という概念に立ち向かい、経営陣はそれに基づく戦略論を放棄する必要があると訴える。かわって、「一時的な競争優位」に基づく戦略について展望する。不安定で不確実な環境で勝つためには、経営陣はつかのまの好機を迅速につかみ、かつ確実に利用する方法を学ばなければならない。競争優位から最大の価値を引き出そうと、経営陣が頼りにし、組織に深く根づいた思考の枠組みとシステムは、今日の変化の激しい競争環境においては時代遅れであるばかりか危険な負債だと論じる。

少なくともここまで述べてきたことは、すでに十分理解されているように思える。それなのに、実践される基本戦略が変わらないのはなぜか？　おおかたの経営陣は、競争優位がつかのまであることに気づいていても、いまだに持続する競争優位を確立するための戦略のフレームワークやツールを使いつづける。優位性をすばやく活用するための、あるいは必要に応じて優位性を獲得したり手放したりするためのそれではないのだ。

本書では、持続する競争優位ではなく、一時的競争優位という前提に基づく一連の新たな手法を提示する。本書を通じて読者は、戦略の6つの新しいシナリオ――世界の動きに応じた新たな想定に基づく脚本――を手にするだろう。また、世界でもっとも成功を収めている企業のいくつかが、一時的な競争優位の世界で競い、勝つために、この新たなシナリオをどのように用いているかを学ぶだろう。

戦略の進化

そもそも持続する競争優位という概念が、どうしてこれほどまで支持されるようになったのか？　この概念がどう進化してきたかを振り返るとともに、研究と経営実務の双方での私の仕事が本書に結実した経緯を説明しよう。

本書が生まれたきっかけ

歴史的に見ると、研究と実務双方で、戦略とイノベーションは相容れることのない二つの分野としてとらえられてきた。戦略はもっぱら、特定の業界で有利な地位を見いだし、長続きする競争優位を活用するためのものだった。一方イノベーションは、新たな事業を生み出すためのもので、中核をなしている事業活動とは別物とみなされていた。私は当初、企業におけるイノベーション・プロセスに関して研究しており、その研究成果の多くは以前に出版した共著で紹介されている。[2] 当時、まじめな学者のなかで「コーポレート・ベンチャリング」の研究をする者は少なかった。その少数の例外が、ボブ・バーゲルマン、キャシー・アイゼンハート、そしてもちろん、私の共著者であり、メンターであり、同僚でもあるイアン・C・マクミランだった。[3] 博士課程の同級生のほとんどは、業界の枠内における地位のダイナミクスを研究することに忙しかった（競争優位をいかに持続させるかを理解しようとしていた、ということだ）。

当時の私の学術研究の大半は、大企業の内部で起業家的行動をいかに促すかということに向けられていた。そのころに得た重要な知見がある。幅広い経験基盤をもたない分野——手にしている経験知よりも仮説の割合のほうが大きい領域——に参入しようとしているときには、異なる手法を用いる必要があるということだ。マクミランと私は論文「仮説指向計画法（Discovery-Driven Planning）」のなかで、この難題に取り組むためのアプローチを提唱している。同論文はハーバード・ビジネスレビュー誌できわめて多くの読者を獲得し、以来、起業やイノベーションに関する教育課程での中心テーマとなっている。[4] 当時は気づきもしなかったが、私たちは戦略に対する新手法の基盤を築こうとしていた。その手法では、持続する競争優位はさほど重要ではなかった。

持続的な競争優位という誤解

私は、コンサルティング先のクライアント企業の協力をあおぎ、こうした考え方の多くを応用する機会を得た。私たちは、クライアント企業のイノベーション能力の開発に努めていたが、その多くが、中核事業で戦うための基本戦略に問題を抱えていることが徐々に明らかになりつつあった。デュポン、3M、ノキア、インテル、IBMといったクライアント企業はいずれも、戦略とイノベーションに対する既存の手法では、競争の舞台となる市場の変化のスピードについていけないと認識しはじめていた。

だが、競争のスピードに対応できそうな経営ツールが急増したときでさえ、経営陣はそれらを使わなかった。彼らはコンサルティング会社のベインにこう報告している。「新しい経済のスピードが速すぎるせいで、人も企業もツールを試す余裕がないと思っており」、なかでも北米企業は「人手不足」を感じているため、結局のところ従来の使い慣れたツールにこれまで以上に頼るようになっているのだ、と。皮肉なことに、当時、経営のツールやアプローチで多くの革新が起きたというのに、企業は過去から受け継いだ戦略ツールへの依存度をいっそう高めていた。[5] したがって、企業幹部がさらに高度なアプローチの活用について語っていたところで、実際に現場を調べてみれば、依然としてＳＷＯＴ分析、業界分析、かなり陳腐な競合分析などのツールを利用していたはずだ。[6] 経営陣は戦略の新手法が必要だと理解していたにもかかわらず、いまだに旧態依然の戦略ツールを使っていた――あるいはまったく使っていなかった――のである。

こうしたズレが実際に拡大するにつれて、持続する競争優位という概念に疑問を抱く学者も現れた。イアン・マクミランは、その概念が戦略におよぼす特定の影響を解明した一人である。彼によれば、競争優位は波として考えるともっともわかりやすいという。戦略家の仕事とは、戦略上の主導権を握るために絶えず新しい波を引き起こすことにほかならない。[7] マクミランとリチャード・ダベニーは、企業のもつ優位性が競争を通じてあっというまに消えてしまう市場の性格を、「超競争《ハイパーコンペティション》」と表現した。[8]

既存の手法では、競争の高速化に対処するリーダーの役に立たないとの意識が実業界でも学界でもますます強まった。その後、インターネットや一般的な知識集約型経済の出現、保護貿易規制の減少、技術の進歩のせいで、世の中の動きはさらに速まったようだった。そしてどういうわけか、状況にうまく対処できると考えられていた企業がその強みを失った。親愛なる友でいまは亡きマックス・ボイソットは、知識集約型経済における不安定な優位性に影響を与えるものについてまとめた。そして、ある優位性の発展の過程でもっとも利益の出るポイントは、同時にもっとも脆弱でもあると結論づけた。[9] 一九九〇年代末、クレイトン・クリステンセンの『イノベーションのジレンマ』が刊行されると、イノベーションと戦略とを結びつけて考えることが主流となった。[10] 同書では、戦略家がイノベーションを起こそうとする際の有益なツールの一つとして仮説指向計画法が挙げられている。[11]

競争優位は、一時的なものにすぎない

競争戦略、イノベーション、組織改革という異なる分野が一体になろうとしていた。だとすれば、ファイブフォース分析やBCGマトリクスといった支持の高い戦略論に、戦略を実行するための新たなフレームワークやツールを加える必要性が出てくる。

私は長年、過去の著書、ハーバード・ビジネスレビュー誌などの学術誌に寄せた論文、講演、コンサルティングを通じて、戦略実行の新たな方法をいくつも概説してきた。たとえば、「オプション推論」は巨額の損失を出すリスクを負わずに将来に投資する方法だ。[12]「知的な失敗」は学習を促進する助けとなる。[13]「ビジネスチャンスの特定」は、体系的な方法で拡大・発展させられるスキルだ。[14]「資源配分プロセス」は、組織内で何が、誰によってなされるかを決めるもっとも重要な方法かもしれない。[15] 需要と供給に左右される厳格な市場原理よりも、顧客の「解決すべき課題」に目を向けるべきだ。[16] ビジネスモデル・イノベーションは、あらゆる点で研究開発（R&D）や製品イノベーションと同じくらい重要だ。[17] 成熟度の異なる企業では、異なるリーダーシップ行動をとる必要がある。[18]

これらすべてのアイデアは、私が本書で呼ぶところの「戦略の新たなシナリオ」において一つになった。このシナリオの土台をなすのは、世界の動きに応じた新たな想定であり、私たちが過去数十年にわたって利用してきた有益なフレームワークやツールをもたらした前提とは別物だ。

今日の戦略のシナリオは、一時的な競争優位という概念に基づく必要がある。競争優位がもはや長期間持続しない場合、どこで、どう競争し、どうやって勝つかは、従来とはまるで異なる問題となるのである。

新たな想定に基づいて戦略を立てることは、正しいことだとわかっていてもためらわれるかもしれない。さらに難しいのは、戦略の最終目標を、持続する競争優位の構築から一時的な競争優位の活用に移すことだ。新たな競争優位を十分活用できていないうちは、もはや過去のものとなった競争優位から利益を残らず搾り取る計画など立てられないからだ。

しかし、本書で取り上げた一時的優位性に基づいて戦っている世界中の企業やリーダーについての物語から学び、新たな戦略的シナリオを手に働きはじめれば、優位性の位置づけが変化したからといって怖がる必要はまったくないとわかるだろう。私がインタビューした経営者のなかには、それを楽しんでいるように見える人もいた。守勢に立たされて弱っているというよりも、一時的競争優位の追求をテコに、従業員に発破をかけて行動を促し、イノベーションに拍車をかけていたのである。

こうした動きの速い戦略は、経営陣のキャリアにも影響をおよぼす。ブラジルの企業で働いている友人は、従来とはやや異なったものの見方を披露してくれた。「われわれはブラジルでさまざまなことを経験してきた――インフレ、汚職、予測できない政府規制、とにかく何もかもね。だから、対応力がつくんだ」。そしてもっと穏やかな競争しか経験したことのない経営者たちは、同世代のブラジルのリーダーが日常的に克服しなければならない難題に直面したら途方に暮れてしまうだろうと指摘した。

リーダーが積極的に競争しようという気概をもち合わせていなければ、その企業が崩壊へと向かうのは目に見えている。だが、厳しい競争の恩恵を認識することもまた重要だと私は思う。硬直して効率の悪い業界も、競争上の真の脅威に直面すれば改善されるものだ。国有の電話会社が価格やサービスを一方的に押しつけていた時代に戻りたがる人がいるだろうか？　企業は次のビジネスチャンスを見つけようとするからこそ、人々が実際に何を必要として何に代価を支払うかを理解し、よりよい価値を生み出し、既存の資産から新たな効率性を獲得しようとする。多くの場合、一般の人が同じドル、円、ユーロによって手にする価値は、一〇年か二〇年前とくらべてはるかに大きいし、新たなアイデアが実現したり新興企業が成長したりする機会もかつてないほど増えている。

ここで、本書の刊行に手を貸してくれた人たちにお礼を述べたい。アクセンチュアのジル・S・デイリーは、知的なスパーリングパートナー、新たなアイデアの源泉、それらのアイデアが実際にどう機能するかを理解する拠りどころとして、かけがえのない存在だった。競技場《アリーナ》および、業界と競い合う業界というアイデアは、私たちが協力して徹底的に掘り下げてきたものだ。イアン・マクミランは相談役であり、理屈に合わないアイデアは容赦なく批判してくれた。本書の執筆にあたってインタビューした多くの人々の提案や批評はとてもありがたかった。アリソン・ノーマン、シー・チャン、スーリーン・リーによる研究の援助は、このうえなく貴重なものだった。ハーバード・ビジネスレビュー・プレスのメリンダ・メリーノーとスタッフチームは真のパートナーとなり、本書で提示するアイデアを練り上げてくれた。
読者が本書を楽しんでくれるよう願っている。本書で紹介する人々や企業は、競争優位が持続しない世界で勝つための、新しい最高の戦略的な思考と行動を示していると思う。彼らがつねに正しいというわけではない——実のところ、一時的な優位性や失敗からの学習といった私のアイデアからすれば、ある会社が絶えず正解を導くのはほぼ不可能だ。とはいえ、不意をつかれたり、よくないことが起きたりしたときには、次の一手が重要だ。最高の企業は生じた事態を率直に見つめ、次にもっとうまくやるにはどうすればいいかを理解し、前進する。これは、どこかサーフィンに似ている。あなたはサーフボードから海に落ち、気まずそうに水を掻いて海岸へ戻ることになるかもしれない。だが、優れたサーファーはそのボードにふたたび乗る。優れた企業の場合も同じだ。優れた企業は競争優位という波から波へ乗り移る。一つの波はやがて消えてしまうから、そこに長くとどまりすぎないようにし、つねに次の波を探す。そうした企業を知ることは、とても楽しいことである。

ニュージャージー州、プリンストン・ジャンクションにて

リタ・ギュンター・マグレイス

競争優位の終焉・目次

第1章　競争優位の終焉

その戦略はもう古い　6
これまでの発想を転換しよう　8
戦略の新たなシナリオ　20

第2章　シナリオ1　継続的に変わり続ける——安定性とアジリティーの両立

極端なリストラよりも継続的な変貌　32
競争優位の罠を逃れる　35

成長企業は何を実行したのか　37
安定性の5つの源泉　39
アジリティーの5つの源泉　48
安定性とアジリティーの逆説的な結びつき　58

第3章 シナリオ2 衰退の前兆をつかみ、うまく撤退する

衰退の早期警報を逃さない　63
撤退を決めるのは誰か？　66
最後の幕引きはそれぞれ違う　68
6つの撤退戦略　69

第4章 シナリオ3 資源配分を見直し、効率性を高める

抱え込まれる資源の問題　92

レガシー資産を整理し、効率を改善する　93
先手を打って競争力のない資産を捨て去る　96
既得権を奪う――アクセンチュアのやり方　102
資産負債という考え方　104
新しいビジネスチャンスには新しい組織　105
起業家精神で資源を扱う　107
倹約、倹約、倹約　110
資産は所有せず、利用する　113
外部資源を活用する　120

第5章 シナリオ4 イノベーションに習熟する

イノベーションに習熟しているとはどういうことか　126
イノベーションに習熟する6つのステップ　141
ブランブルズに見る習熟の事例　151

イノベーションは戦略の要 163

第6章 シナリオ5 リーダーシップとマインドセットを変える

コダックの正念場 167
耳が痛い情報をあえて求める 170
ベルリッツの中核事業の再活性化 173
秘密は管理できない 177
「正確だが遅い」より「正確さはそこそこだが迅速」 181
プロトタイプから学ぶ 182
有能な人材とリーダーシップ開発への投資 184
崖っぷちの経営——アルコアの事例 186
異なるマインドセット 193

第7章 シナリオ6 あなた個人への影響について考える

優位性の波を乗りこなす人材 196
個人の成功の秘訣は変わった 200
あなたは新しい時代に対応できるか？ 202
一時的優位性の経済に生きる 223

訳者あとがき 224
原注 236
索引 243

装幀・重原 隆

刊行に寄せて

アライアンス・ブーツ　ヘルス・アンド・ビューティー部門最高責任者
アレックス・グーレイ

本書はいまという時代にこそふさわしい。

今日、われわれの多くが直面している過酷な競争市場で勝利を収めるには何が必要かを理解したいと望むリーダーであれば、本書を読むことで得られるものは大きい。

私は三二年間にわたって小売業に携わってきた（はじめはブーツ・イン・グラスゴーで「土曜日の少年」として働いた）。その間に変化のペースが劇的に速まり、当然とみなされていた想定が覆るのを目の当たりにしてきた。消費行動の変化は著しい。われわれは、一六三年の歴史を誇るブーツ・ブランドを偶像化していた優位性の終わりに直面している。消費者は企業の過ちにかつてないほど厳しくなっている。わがブーツ・ブランドもこうした変化と無縁ではいられない。

リタのアイデアにはじめて接したのは、二〇〇六年にブーツ・グループがアライアンス・ユニケムと合併してアライアンス・ブーツを立ち上げたときのことだ。おかげで一息つく余裕ができたので、われわれはこの新設会社を二〇〇七年に非公開企業にした。そのとき、顧客第一を旗印に、これまでとはまったく違う経営をめざして組織改変に乗り出した。才能あふれる独創的な戦略思想家であるリタと組み、本書で提案されている原則の多くを新組織のリーダーシップ・マインドセットへ埋め込もうと努めた。その試みは現在も続いている。

われわれは、より機敏にして果断であろうとしている。切迫した悪いニュースであってもいち早く伝えてただちに対処できるよう、より率直であろうとしている。これまで以上に多くの時間を割いて未来について考えている。好機をとらえ、一つの統合体として行動する組織を築くべく、サイロ（他部門との連携を欠いた事業部門）を解体しようとしている。何よりも、勇敢なリーダーを生み出そうとしている。ペースの速い競争的取引に心を躍らせ、好機を大胆にとらえる組織をつくる一方、もはや旬を過ぎた戦略や商慣行から大胆に手を引くことのできるリーダーだ。

このようにわれわれが進化を始めたとき、傍観者の多くは懐疑的だった。ブーツ・ブランドは古くさく、価値が下がっているうえ、戦略はろくに根拠がなく、うまく実行されていないというのである。しかも、企業間の卸売事業を顧客中心の小売事業と結びつける新たなビジネスモデルは、成功したためしはほとんどなかった。だが、われわれは成果を出して、こうした批判者が間違っていることを証明してきた。ブランド認知度、顧客満足度、従業員の雇用期間を評価する指標は記録的に高く、アライアンス・ブーツの収益性は非公開企業となって以降、少なくとも毎年一〇％伸びてきた。これらすべてが、世界的な景気後退をものともせずに達成されたのである。

われわれの進化は読者諸氏の進化と同様に、この先もまだまだ続く。

とはいえ、本書で示される戦略の概念は計り知れないほど貴重なものだ。顧客と市場がかつてないスピードで変化している以上、戦略も変化する必要がある。

本書は、一時的な競争優位の世界で生きるわれわれに必要不可欠な指針を提供してくれる。

二〇一三年一月　　イギリス、ノッティンガムにて

第1章

競争優位の終焉

富士写真フイルム（現：富士フイルム）の出発点は不幸なものだった。一九三〇年代、長びく業績不振のせいで、日本初の映画用フィルムメーカーから写真フィルム事業が切り離されて誕生したのだ。長い年月をかけて、同社は品質への悪評を覆して世界有数のグローバル企業へ成長すると、フィルムとその現像でイーストマン・コダックのような巨大企業と戦いはじめた。アマチュア向けとプロ向けの化学的な現像処理の市場は、一〇〇年のあいださほど変化がなく、競争は製品よりも流通に左右される傾向があった。富士写真フイルムはコダックが地歩を固めていた市場に食い込もうと悪戦苦闘した。ロールフィルム、三五ミリフィルム、装填しやすいカートリッジ、さらには使い捨てカメラまで、多くのイノベーションが起きたことは間違いない。だが、基本的にフィルムが写真業界の競争の中心だった点は、数十年ものあいだ変化していなかった。

ところが一九七〇年代になると、のちに写真事業の発展に大きな影響を与える事件が起きた。アメリカでも有数の富豪の一員だったネルソン・バンカー・ハントとウィリアム・ハーバート・ハントが、銀の買い占めに動いたのだ。二人の意図は、銀を利用してインフレ（当時の大問題）をヘッジすること、また石油開発事業で保有していた多くの資産を分散させることだった。二人が投資を始めた一九七三年時点で、銀一オンス（約二八・三五グラム）の価格は二ドルにも満たなかった。一九七九年のはじめ、価格は約五ドルに上がった。一九七九年末にその計画が表ざたになるまでに、二人は一億オンス（約二八三五トン）超の銀を貯め込んでいた。観測筋によると、それは世界供給量のほぼ半分にあたると見られた。二人の買い占めによって、銀の価格は一オンス五〇ドル超という信じられない数字に跳ね上がった。[1]

フィルムメーカーのあいだに不安が広がったことは想像にかたくない――フィルム現像の主原料である銀が、メーカーのビジネスモデルの予想をはるかに上回る高値をつけたとしたらどうなるか？　さらに、投機筋が銀市場を席巻して銀の供給が不十分になったとしたら？　しかし、懸念も長くは続かなかった。一九八〇年三月、銀の価格が暴落したのである。そのとばっちりで、ニューヨーク・ダウ工業株三〇種平均は空前の大暴落に見舞われた。[2]危機が去ると、コダックをはじめとする写真関連企業の多くは平常どおりのビジネスに戻っていった。

ところが、一九八〇年に富士写真フイルムの社長に就任した大西實は、この経験で感じた大きな不安を拭いきれずにいた。写真業界で根本的な変革が進行中なのではないかと思っていたのだ。

一九八八年にソニー初の家庭用デジタルカメラのマビカが世に出ると、フィルムレスの写真撮影が現実のものとなった。大西はのちに「そのとき、フィルム不要の技術は可能なのだと実感しました」[3]と語っている。彼はこの明察をもとにすぐさま行動を起こした。デジタル技術の開発に大きく投資し、写真業界の次なる競争へ向けて準備を整えたのである。ビジネスウィーク誌の記者は、大西によるこうした転換の決意を「断固たるもの」と形容した。一九九九年までに同社がデジタル製品の研究と技術開発に投じた資金は、総額で優に二〇億ドルを上回るはずだという。さらに、この戦略は正しいという「不可思議な」信念が従業員のあいだに浸透しているとも指摘している。こうした姿勢は、元副社長の上田博造によってもたらされた。上田は「われわれはやめるつもりはありませんし、この戦いに負けるとも思っていません」と語っている。[4]二〇〇三年までに、富士フイルムは全米のチェーン店に五〇〇〇近いデジタル現像所を設置していたが、当時コダックのそれは一〇〇にも満たなかった[5]。

大西は、写真のデジタル技術で自社の存在を高めつづけようと決意しただけでなく、写真事業以外の事業にも手を伸ばした。会社をせっついて磁気テープや電子装置といった新製品の販路を確立した。また、アメリカ企業以外ではじめてビデオテープを生産した。その後の経営の多角化によって、バイオテクノロジーやオフィスオートメーション分野にも参入を果たし、フロッピーディスクの製造にも着手した。

大西はビジネス・プロセスにもイノベーションを起こした。終身雇用の「サラリーマン」で有名な日本の環境で、本社スタッフの削減を後押しし、管理業務に携わるスタッフの人数を他の企業四〇社と比較して、自社の効率性を徹底的に評価した。同社の基準で自社は九％（他社の平均は一六・七％）だったにもかかわらず、大西はこの比率を七％に下げることを決意すると、管理部内に対して、仕事量を大幅に減らし、当時は当たり前の業務慣行だった時間を食う根回しと文書化を半減するように命じた[6]。

大西が後継者の古森重隆にバトンタッチしたあとも、富士写真フイルムの再構築は続いた。ときには、人員削減や事業部門が閉鎖されたりといった、つらい変革もあった。同社はフィルム事業からこれでもかとばかりに資源を引き出し――二五億ドル超のコストカットをしたとされている――新規事業に投じた[7]。今日、医療やエレクトロニクスなどの分野に注力し、ドキュメントソリューションとオフィス用プリンターから約四五％の収益を得ている[8]。こうした変革のすべてが、国内産業が瀕死の状態にあり、日本経済が停滞から抜け出せそうになかった数十年のあいだになしとげられたのである。二〇一一年三月期、富士フイルムは二五〇億ドルの収益を挙げ、七万八〇〇〇人超を雇い、同年フォーチュン・グローバル500で三七七位に入った。一方、コダックは米破産法の適用を申請し、再建にとりくんだ。

富士フイルムの物語からわかるのは、組織を巧みに運営し、質の高い製品を開発し、名の通ったブランドを構築するだけでは、過熱しつづける国際競争のなかでトップを維持するには不十分だということだ。富士フイルムにとっては大きな賭けだった。既存の優位性を傷つけるリスクを冒してでも、きわめて不確実な未来に賭けなければならなかったのである。だが結局のところ、変化に直面して威力を発揮したのは、新たな優位性に投資する一方で、衰えつつある優位性から資源を引き揚げるという富士フイルムのやり方だった。同社はつねに正しいことをしたわけではないし、ときには痛みを伴う変革もあったが、それでも過去にとらわれはしなかった。

競争優位が持続しない、あるいはかつてよりはるかに短期間しか持続しないのなら、戦略のシナリオを変える必要がある。リーダーが継承してきた多くの戦略は、ある時点では理にかなっていたとしても、今日の変化のペースにはついていけない。経営陣に必要なのは、持続する競争優位が過去のものとなった場合でさえ、長期間勝ちつづけるための新たな戦略のフレームワークと慣行なのだ。

本書では、持続する競争優位ではなく、一時的競争優位の力学について論じる。それが示すのは、競争優位がつかのまのものでしかない時代の新たな戦略的論理——どこで、どう競争し、どうやって勝つか――であり、ある一時的な優位性から別の優位性の波に乗り移れるようになった企業から何を学ぶかということだ。

その戦略はもう古い

ソニー、リサーチ・イン・モーション（ＲＩＭ、現：ブラックベリー）、ブロックバスター、サーキットシティー、さらにはニューヨーク証券取引所――かつて名声を誇りながらも、倒産したりもはや輝きを失ってしまったりした企業は多い。これらの組織の凋落は、持続する競争優位を要に据えた事業慣行から抜け出せなかったことからの、予測できる結末だ。根本的な問題はこうである。企業に根づいた枠組みとシステムは、既存の競争優位から最大の価値を引き出すために設計されている。だが、その競争環境が短期的なチャンスの波を次々に乗り移る能力を求めるようになると、従来の枠組みとシステムは負債に変わる。こうした不安定で不確実な環境で戦うには、やり方を変える必要がある。

私が戦略研究の分野でキャリアを歩みはじめたころ、金科玉条のごとき、二つの基本的想定があった。一つは、「業界がもっとも重要な枠組みだ」ということ。私たちは、業界はあまり変化のない安定した競争要因からなると教わった――こうした競争要因を深く理解するために時間と労力をかけてごらん、するとほら、ほかの決定を下す際にしばらく使えそうなロードマップができあがる、と。したがって、戦略の力点は分析にあった。つまり、業界はそこそこ安定していると仮定されていたので、業界の動向を見極め、それに応じて戦略を構築する分析能力を身につければ、それなりの報酬を手にできた。五カ年計画が有効な時代だった。前提として、今後五年間の世界は現時点である程度、想定できると考えられていたのだ。

たとえばアメリカでテレビネットワークの既存モデルが数十年にわたって成功したのは、放送帯域が限られていて高価だったため、少数のプレーヤー（主要ネットワーク）が顧客へ通じる数少ないチャネルを独占できたからだ。地域、シンジケーション権、視聴率といった制約のおかげで、このモデルは長年機能しつづけた。広告主にしてみれば、テレビ局が巨大な大衆市場を確約してくれていたことになる。ところがここ三〇年のあいだに、こうした制約は崩れ去った。ケーブルテレビの出現によってチャネル制限が取り除かれると、大衆市場は細分化された。レンタルビデオのおかげで視聴者は好きな時間にコンテンツを観られるようになった。ビデオ録画のCMスキップ機能は、押しつけがましい広告にうんざりしていた大衆に喜んで迎えられた。さらに最近では、インターネットを通じてコンテンツを流す「チャネル」が急増している。制約が緩和されるにつれて、テレビネットワークのビジネスモデルは土台から崩れていった。実際、もっとも重要な変動要因はネットワーク同士の競争ではなく、他業界からの侵略だったのである。

もう一つの想定は、「いったん確立された優位性は持続する」ということだった。ある業界で確固たる地位を築けば、企業はそうした優位性を中心に据えて従業員、資産、組織を最適化すればよかった。優位性が持続する世界では当然ながら大企業の運営に長け、仕事の効率を上げ、コストを削る一方で既存の優位性を維持できる人材が昇進する。「戦略的事業単位」（SBU）と呼ばれる強力な中核事業へ資源と人材を振り向ける経営構造は、高業績をもたらした。ここでの基本的想定は、持続する優位性を中心に置いて組織や業務プロセスを最適化できるというものだった。

実際には、持続する優位性の例はいまでも存在する。顧客との深い結びつきの活用、航空機のようなきわめて複雑な機械の製造、鉱山の運営、食品をはじめとする生活必需品の販売などでは、しばらくのあいだ優位性を利用してこられた企業もある。だが、ますます多くの事業セクターにおいて、そしてますます多くの企業にとって、もはや世界とはそういう場所ではない。音楽、ハイテク、旅行、通信、家電、自動車、さらには教育でさえ、優位性がまたたくまに模倣され、技術革新が起き、顧客がほかの選択肢を探し、場面転換が起きるという状況に直面しているのである。

これまでの発想を転換しよう

持続する優位性という想定が生み出す安定重視の姿勢は、命取りになりかねない。私の研究によると、安定が正常で変化が異常というわけではない。実は話が逆なのだ。熾烈な競争環境では、変化ではなく安定こそがもっとも危険な状態なのである。

このことについて考えてみよう。安定という仮定はあらゆる間違った反応を引き起こす。既存のビジネスモデルに沿おうとする惰性と力を強める。人々の精神を型にはめ、習慣に従わせる。

縄張り争いや組織の硬直化を招きやすい状況をつくる。イノベーションを妨げる。次の、前向きな戦略立案よりも、否定的な反応を助長しやすい。いまだに「チェンジ・マネジメント」が特異な活動とみなされるのは、特別な注意、訓練、経営資源が求められるからにほかならない。

平穏と安定が優先される結果、市場で多くの変化に向き合うビジネスリーダーは、こうした変化が自分たちに悪影響をおよぼしはしないと都合よく考えるようになる。スマートフォンのブラックベリーで知られるRIMの経営陣が、二〇〇七年にアップルのiPhoneが発売された際にどう反応したか見てみよう。同社のジム・バルシリー共同CEO（最高経営責任者）はロイターの記者に対し、iPhoneは大した脅威ではなく、スマートフォン市場に競争相手がもう一社現れたにすぎないと語った(9)。五年後、RIMはその存続自体が危機にさらされている。期待外れの大量の新製品、受信契約者のくら替え、続発するサービス停止、公然と離反する株主といった問題に直面しているのだ。経営陣は一新された。だが、同社の製品は法人ユーザーにとても人気があったため、彼らにブラックベリーを手放し、新製品に移行するよう求めるのは難しかった。何が起きたのか？　比較的安定した成功が長く続いたせいで、新たなビジネスチャンスを貪欲に追い求める活力を失ってしまったのだ。それがいったん失われると、競合他社に急襲されたからといってすぐに取り戻すのは難しい。

経営陣が、手遅れになるまで問題の存在を認めないのはよくあることだ。気づくと「総員甲板へ！」と号令をかけなければならないほどの危機が訪れている。ある大手医療機器メーカーの関係者にインタビューしたとき、回答者の一人はこう語った。「われわれは危機が近づきつつあるのがわかっていたのに、無視して耳をふさぐことにしました。そのうち、もはや無視できないことがはっきりしたのです」。それからようやく資源が集められてチームが結成されると、全員に切迫感が生まれた。残念ながら、そのころにはすでに手遅れになっている場合が多い。今日の戦略はこんな事態に陥らないためにも、新たな一連の想定と慣行に基づく必要がある。

どこで戦うか——業界ではなくアリーナで

私たちは何より、業界内の競争が最大の脅威だという想定を変えなければならない。これまでの定義に従えば、もっとも強力なライバルは同業他社、つまり代替品となる似かよった商品を売る会社である。だがこの考え方はかなり危険だ。多くの市場で、業界がほかの業界と競争し、同じ業界内でもビジネスモデルが別のビジネスモデルと競争し、とんでもない場所からまったく新しいカテゴリーが現れるという事態がますます増えている。こうした事態が顕著なのが、デジタル革命の洗礼を受けてきた市場だ。地元書店の縮小するCD売り場をのぞいてみれば、私の言いたいことがわかってもらえるだろう（もちろん地元書店がまだあればの話だが）。ウォール・ストリート・ジャーナル紙の記者が最近述べているが、アメリカの一般家庭の購入品を見ると、自動車、衣類やサービス、娯楽、外食のすべてがほぼ二桁の比率で減っているという。では何が伸びているのか？　二〇〇七年のiＰｈｏｎｅ発売以降、通信サービスへの支出が一一％も増えているのである。[10]

だからといって、業界という概念がもはや無意味だというのではない。業界を基準に分析すると、往々にしてきめ細かさが足りないため、意思決定を下す必要のあるレベルで実際に何が起きているのかを判断できないということなのだ。市場セグメント、価格、詳細な地理的位置などの関係を反映した新基準の分析が求められている。私はこれを「競技場《アリーナ》」と呼ぶ。アリーナを特徴づけるのは、顧客とソリューションの強固な結びつきであり、代替品となる似かよった商品に関する一般的な説明ではない。

軍事的な比喩で言えば、戦いは特定の地理的位置で、特定の装備を用い、特定のライバルを倒すために行なわれる。こうしたレベルで事業戦略を組み立てる必要性がますます高まっている。カテゴリー化を促すのはおそらく、特定の顧客が求める結果（解決すべき課題）であり、そうした結果を得られる代替手段だろう。このことがきわめて重要なのは、既存の優位性への最大の脅威は、従来競合とされていたものの周縁部やまったく別の思わぬ場所から生じることが多いからだ。

ここでさらなる問題が浮上する。企業は、参加するすべてのアリーナで通用する唯一のアプローチをもっているわけではなく、直面している特定のアリーナや競合他社に応じてアプローチを変更するかもしれない。

語学教育企業のベルリッツの戦略について考えてみよう。元ブラジル支社長のマルコス・ジャスタスによれば、ブラジルでは大衆市場での競争は熾烈だが、高所得層の顧客獲得競争はそれほどでもないという。だとすれば上流階級に的を絞り、ベルリッツ・ブランドをエリート向けに位置づける戦略がふさわしい。一方で顧客の多くが中産階級に属するアメリカでは、利便性と柔軟性を売りにした別の位置づけ（ポジショニング）が適している。これらは、二つの異なるアリーナのニーズに応える二つの異なる戦略だが、どちらもベルリッツのめざす文化的コンサルティング企業への進化を促すものということでは同じである。

アリーナの概念はまた、長期的な優位性の創出に関する固定概念をも変える。製品の特徴、最新技術、「よりよい新製品」といった優位性の源泉は、かつて考えられていたほど長持ちしない。かわって、企業はもっと短命な優位性、たとえば顧客との深い結びつきやいくつものアリーナにまたがるかけがえのない経験を生み出す能力などに目を向けつつある。そして、たまたま事業を展開している全アリーナに適した能力やスキルの創出に力を注ぐようになる。そのうえ競争はきわめて曖昧で情緒的な要因に左右されるから、参入に対する昔ながらの防護や障壁についてもっと気楽に考えるようにもなるかもしれない。

戦略を考える際、その視点をアリーナとするか業界とするかで大きな違いがある。業界分析ではたいてい、同業他社との相対的な位置づけ（ポジショニング）を判断することが目標となる。市場シェアは大きいほどいい。製品導入、価格、プロモーションなど、競争上の脅威は昔ながらのものだ。また、企業はあっけなく不意打ちを食らわされてしまう。

たとえば一九七〇年代後半に、メリルリンチ（現：バンクオブアメリカ・メリルリンチ）が始めたキャッシュ・マネジメント・アカウント（ＣＭＡ、投資型預金口座）の脅威に気づいた大手銀行はひとつもなかった。どの銀行もＣＭＡを提供していなかったからだ。結果的に、各銀行が事態に気づく前に、数百万ドルもの預金が流出してしまっていた。

表1-1　どこで戦うか――業界視点VSアリーナ的視点

	業界	アリーナ
目標	ポジショニングによる業界内の優位性	領地の獲得
成功の尺度	市場シェア	機会領域のシェア
最大の脅威	同業他社の動き	業界間の動き、既存モデルの混乱
顧客セグメントの定義	人口あるいは地理	顧客の行動
主要な推進要因	相対価格、機能性、品質	総合的な顧客体験における「解決すべき課題」
ふさわしい獲得行動	業界内での統合、業界を越えた多角化	新たな能力の獲得のために業界の境界を越えて追加される
比喩	チェス	囲碁

もっと最近の例を挙げてみよう。グーグルが携帯電話向けオペレーティングシステムやオンラインビデオ通話サービスの提供を開始して、既存の電話会社を驚かせた。ウォルマートなどの小売企業は、医療サービス分野に割り込もうとしている。決済処理分野では、多様な業界の多様な事業者――携帯電話会社、インターネット上のクレジット提供会社、磁気カードメーカー、そしてもちろん既存のクレジットカードやデビットカードの発行者など――がしのぎを削っている。

少しばかり単純化しすぎだが、従来の戦略分析はチェスに似ている。戦略分析はきわめて洗練された繊細なものだが、目標は主要な市場で圧倒的な競争優位を実現することにある。つまり、対戦相手にチェックメイトをかけるのと同じである。

アリーナに基づく戦略は囲碁にずっと近い。囲碁の目標はできるだけ多くの領地を獲得することだ。盤上に碁石を巧みに配置して戦略の基礎を築き、最

図1-1　どう戦うか――一時的優位性の波

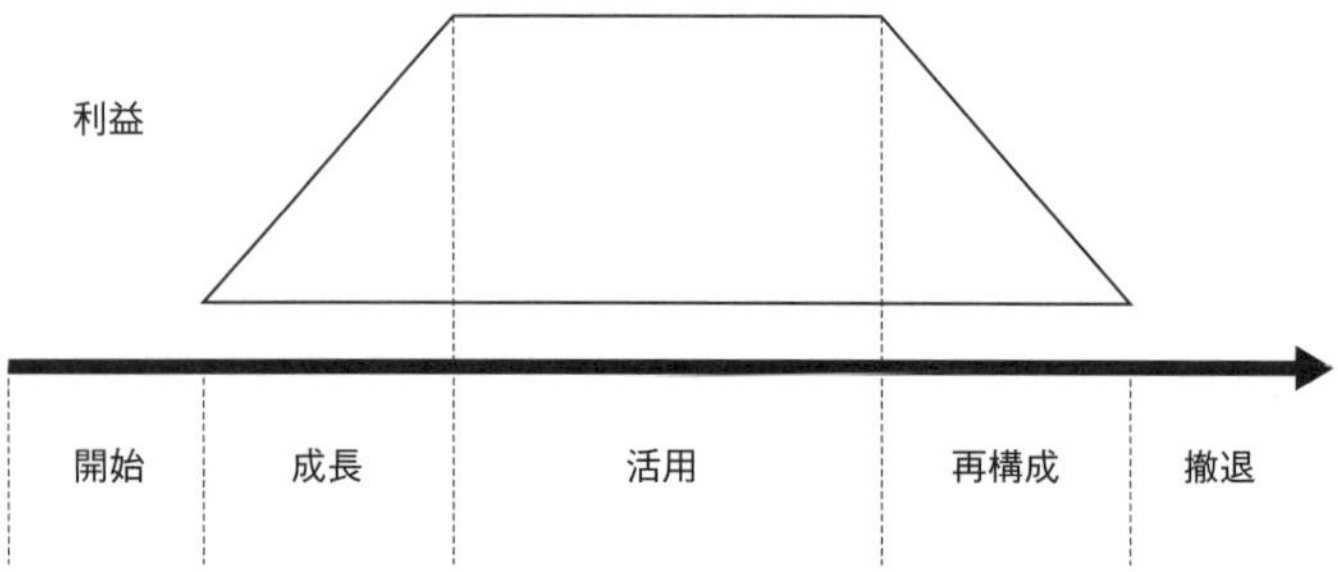

終的に相手を圧倒するだけの領地を確保したほうが勝者となる。

アリーナに基づく戦略のイメージは、有無を言わせない勝利の構想を練るというより、オーケストラ向けに編曲するのに近い。また、実際に特定のアリーナ内の状況に向き合っている人々による現場の実践がより重要になる（表1－1）。

どう戦うか――一時的競争優位の戦略

図1－1に示すとおり、特定の競争優位はいくつかのフェーズをへて進化していく。「開始」フェーズで、企業は新たなチャンスをつかむために組織を編成する。この段階でビジネスが特定され、資源が配分され、新たな取り組みのためのチームが結成される。イノベーションが起こるのはここだ。

ビジネスチャンスをしっかりとつかんだら、その優位性は「成長」フェーズに入る。いくつかの初期セグメントからますます多くのものが獲得され、事業が前進する。事業拡大のためのシステムとプロセスが実行される。実験が本格的な市場導入へと移る。この段階ではしばしばスピードが決め手となる。成長が遅すぎると、あっというまに競合他社にまねされて差別化要因を台無しにされてしまうからだ。

順調に成長すると、企業はときにはかなり長い期間、「活用」フェーズにとどまることができる。この間に事業は順調に拡大し、適度な利益を生み出す。一時的優位性の活用フェーズで、企業は顧客から高い評価を得て、顧客がその恩恵に浴せるようにするため、競合他社との明確な差別化要因を確立する。この段階で市場シェアと収益性は概して拡大し、さらに多くの顧客を引きつけ、十分な利幅がとれる値付けが可能で、競合他社からは打倒すべき企業とみなされる。ここでの目標は、この期間をできるかぎり長引かせる方法を見つけることだ。一方でそれが最終的にはついえることを心に留めておかなければならない。

活用フェーズをうまく活かすには、競争上の独自性を獲得している少数の重要領域に的を絞るべきだ。そうした領域内で、マネジャーは競争の手段と対抗の手段をうまく操り、次のイノベーションに向けて伸びしろの高い能力を養う。新たに生まれた優位性が最終的には会社の本業の一部として主力製品に統合されるようにしつつ、異なる領域からの脅威やそこにあるチャンスに注意を向けつづける必要がある。活用フェーズでの資産や人員の過度の増強は避けたほうがいい。それは、新たな優位性への移行を阻むからだ。

既存の優位性がよい結果を出していても、リーダーはそこから資産と資源を引き揚げ、新たな優位性のために資源を確保する必要がある。それはまさに、富士フイルムがフィルム本位の写真事業に対してとった措置だった。

優位性はつかのまのものにすぎないから、既存のモデルは絶えずプレッシャーを受け、優位性の再構成・再構築や更新（基本的には新たな波を起こすこと）が必要になる。一時的優位性の環境では、「再構成」のプロセスは成功への重要なカギだ。というのも、再構成を通じて、資産、人員、能力がある優位性から別の優位性へ移行するからである。

優位性の成長や活用に携わっていたチームは再構成フェーズで別の活動に移り、資産は交換または再配分され、従業員は別の持ち場へと異動する。こうした再編成は、優位性が持続する状況では否定的にとらえられやすいが、一時的優位性の世界では必須かつ有用なものとみなされる。実際、組織の構造やプロセスにそうしたダイナミズムが欠けていれば、従業員から否定的に見られることもある。

最終的に優位性が消滅すると、ビジネスチャンスは縮小の一途をたどり、「撤退」が現実味を帯びてくる。撤退のプロセスを通じて、企業はみずからの将来にとってもはや重要でない資産やほかの能力を、売却、閉鎖、転用などによって処分する。ここでの目標は、撤退プロセスを適切かつ迅速に進めることだ。長引かせたところで資源を浪費するだけで、最終結果に好ましい影響がおよぶことはいっさいない。優位性が一時的な場合、撤退が事業の失敗と混同されることはない。実のところ、追いつめられて選択の余地がなくなってしまってからではなく、まだ事業を続けられるうちに撤退できるのが理想であり、そうすべきである。

組織の重心はたいてい「活用中」の事業によって決まるため、「活用」以外のフェーズは無視される。それが問題なのは、各フェーズで役立つ規律とスキルの組み合わせが異なるからだ。開始と成長のフェーズで求められる人材は、イノベーターと実験者である。彼らは曖昧な状況に不安を感じず、学ぶ準備を整えている。活用フェーズでは、効率的なプロセスを設計し、物事を体系化することを楽しむ人材が求められる。撤退フェーズで不可欠なのは、衰退の兆しを見抜くことに長け、活動を中止するという、ときに難しい決定を臆することなく下せる人材だ。

複雑な組織の場合、戦略家の観点から見た難題の一つは、異なるフェーズにあるそうした多くの波が同時並行的に展開することだ。これらの波をうまく調和させることが、ＣＥＯにとってますます欠かせない仕事の一つとなっている。これが本書のテーマである。

どうやって勝つか――一時的優位性の波をうまく管理する

本書の執筆にあたって私は一つの調査を行なった。妥当な期間を定め、一つの優位性から次の優位性へ移行するという難題に、どう対処し、どう成功を収めるかを理解している企業を見つけようとしたのである。

二〇一〇年、私の調査チームは、二〇〇九年末時点で時価総額が一〇億ドルを超え、世界的証券取引所に上場しているすべての株式会社（四七九三社）をリストアップした。次にリストのなかから、その前の六年間（二〇〇四年から二〇〇九年まで）に収益や純利益を毎年五％以上伸ばした企業を調べた。

注意してほしいのは、私たちが興味をもっていたのが、総収益率でも年間平均成長率でもなく、毎年の着実な年間成長率だった点だ。基準を五％にしたのは調査期間中の世界のＧＤＰ成長率が四％程度であり、真に傑出した企業ならこの水準を上回らなければならないと考えたからだ[11]。結果は驚くべきものだった。毎年五％という収益成長率の基準を上回った企業は全体の八％、純利益の基準にいたっては四％にすぎなかった。

「さて」と私たちは考えた。「もしかすると私たちはフェアでない可能性がある。やはり、二〇〇八年に始まった大不況のせいで、通常ならばうまく経営されていたはずの企業が不振に陥っているのかもしれない」。そこで調査をやり直した。ただし、今回は対象期間を二〇〇〇年から二〇〇四年までとした。数字は少し改善したものの大幅に向上したわけではなく、収益と純利益で基準を超えた企業がそれぞれ一五％と七％という結果だった。だがここで私たちは、一貫して成長した企業は平均をはるかに上回っている点に興味をそそられた。

続いて一〇年の期間全体（二〇〇〇年から二〇〇九年まで）を取り上げ、堅実でむらのない成長をなしとげた企業を調べた。この調査期間において純利益を一貫して五％以上増やしていた会社は、ちょうど一〇社だった。

その企業は、コグニザント・テクノロジー・ソリューションズ、ＨＤＦＣ銀行、ファクトセット、ＡＣＳ、クルカ、インフォシス、青島ビール、ヤフー、アトモス・エナジー、インドラ・システマスだった。私はたぐい稀なこれらの企業（全体の〇・二％）を「例外的成長企業」と呼んでいる。というのも、大きな変化や不確実性に直面しながらも着実な業績を残す企業は非常に珍しいからだ（表１－２）。

表1-2　どうやって勝つか――例外的成長企業

例外的成長企業	本拠地	事業内容
コグニザント・テクノロジー・ソリューションズ	アメリカ	1994年にダン・アンド・ブラッドストリートのテクノロジー・サービス部門として始まり、2年後にスピンオフ。当初の事業は主にアプリケーション保守。同社のウェブサイトによると、そもそも「才能ある割安な人材の戦術上の供給源」だったという。
HDFC銀行	インド	1994年設立、世界に通用するインドの民間銀行をめざす。
ファクトセット	アメリカ	1978年、アナリストや企業（個人投資家ではない）向けの金融分析レポートの作成を自動化するために設立。当初は「カンパニー・ファクトセット」と呼ばれる紙ベースの短い企業レポートを少数の重要顧客に配布していた。
ACS	スペイン	スペインの建設会社／サービス・プロバイダーで、崩壊寸前の企業を合併・再生することによって成立した。
クルカ	スロベニア	1954年、製薬会社として設立。しだいに近隣地域の市場へと拡大した。
インフォシス	インド	1981年に7人のエンジニアによって設立。インドを拠点に一つのクライアントを相手とするＩＴサービス・プロバイダーとしてスタートを切った。
青島ビール	中国	1903年にドイツ人入植者によって中国の青島に設立された。
ヤフー	日本	1996年、アメリカを拠点とするYahoo!と東京を拠点とするソフトバンクが、合弁企業としてインターネットポータルサイトのヤフーを開設。独立した上場企業である。
アトモス・エナジー	アメリカ	アメリカ最大のガスだけを扱う公益企業で、天然ガスを配給する規制部門と、非規制部門を扱う子会社のアトモス・エナジー・サービスを所有している。
インドラ・システマス	スペイン	多角経営のグローバルテクノロジー会社。輸送と交通、エネルギーと産業、行政と医療、金融サービス、安全保障と防衛、電気通信とメディアなど、広範な事業を展開している。

私は各企業を取り上げ、まずはフーバーズ・ビジネス・リサーチに示されているライバルの上位三社と比べ、それからおたがいを比較した。例外的成長企業がその一貫した着実な成長をなしとげられた理由について知見を集めるためだ。

主な結論は以下のようになった。これらの企業が推進している戦略は、会社の方針に沿った長期的展望を備えているだけでなく、現在行なっているいかなる活動も、将来の成長を約束するものではないと認識していた。興味深いことに、とりわけビジネスモデルに関して、それらの企業は途方もない内部の安定性を保つ一方で、途方もない対外的な俊敏性《アジリティー》を発揮する方法を見いだして実行していた。

本書が明らかにするように、私たちは例外的成長企業から――またこの新しい環境下での前向きに事業を運営してきたその他の企業から――さらに多くのことを学ぶだろう。それらの企業は戦略の新たなシナリオを手に経営を進めている。このシナリオの土台をなすのは、（業界だけではなく）アリーナで競争する、持続的ではなく一時的な競争優位を活用するという新たな考え方なのだ。

戦略の新たなシナリオ

競争優位の終焉は、私たちが組織運営に関して信じていた多くのものを支える想定には深刻な欠陥があるということを意味する。ここからは、このことがビジネスリーダーにとって何を意味するのか、また世界の風景がどう変わるかを探っていく（22～23ページの表1－3）。

新たなシナリオの一部はすでによく理解されている。たとえばイノベーションを追求する必要性だ（もっとも、企業はいまだに正しく実行できずに四苦八苦しているが）。継続的な再構成・再構築や撤退といったその他の要素は、戦略策定の際にほとんど重視されてこなかった。この先の議論でこれらの要素をまず取り上げたあと、新たなシナリオのより一般的な課題に紙幅を割こうと思う。

第2章では、既存の競争優位を守るのではなく、アリーナからアリーナへと移行する能力を培うにはどうすればいいかを探る。この能力を備えた企業は、驚くほどの安定性とダイナミズムとを兼ね備えている。優位性から優位性への移行はごく普通のことと考えられ、従来の優位性へ執着することは危険をはらむとみなされる。撤退は賢明なことであり、失敗は有用な知見のもとになりうると受け止められる。もっとも重要なのは、アリーナからアリーナへ移行するリズムを築きながら、各企業は特定のライフサイクル・ステージに応じて運営されるということだ。今日の企業でおなじみの大幅な人員削減や事業再編にかわって、劇的というよりも規則的な周期で撤退が起こるのである。

	旧	新
	従業員は日常業務のかたわらイノベーションに取り組む	イノベーション活動だけに使われる資源をもつ
	仮説の検証に失敗：比較的少ない学習	仮説は継続的に検証される：学習したことが経営上の主要な意思決定に反映される
	失敗は避けられ、議論の対象にもならない	知的な失敗は奨励される
	計画志向	実験志向
	商品から始まり、それを新たな分野に広げるためにイノベーションを起こす	顧客から始まり、顧客の課題の解決のためにイノベーションを起こす
シナリオ⑤ リーダーシップとマインドセット (第6章)	既存の優位性は持続するという想定	既存の優位性は圧力にさらされるという想定
	既存の見方を強化する会話	現状を率直に問う会話
	比較的少数の同質な人々が戦略策定プロセスにかかわる	幅広い関係者が戦略策定プロセスにかかわり、多様な視点を提供する
	正確だが遅い	正確さはそこそこだが迅速
	予測志向	仮説指向
	正味現在価値（NPV）志向	オプション志向
	確証を探す	反証を探す
	問題解決に人材を使う	チャンスを見つけてとらえるために人材を使う
	既定路線を延長する	継続的な変化を促す
	既定路線の衰退を甘受する	立ち直りが早い
シナリオ⑥ 一時的優位の個人的意味 (第7章)	分析的な戦略策定の重視	迅速な実行の重視
	組織の体制	個人のスキル
	安定したキャリアパス	一時的な仕事の連続
	階層制とチーム	個々のスーパースター
	転職は稀	キャリアアップのための絶え間ない転職
	組織がキャリアを決める	個人がキャリアを決める

表1-3　戦略の新たなシナリオ

	旧	新
シナリオ①継続的な再構成・再構築（第2章）	極端な人員削減や業務再編	継続的な変貌と変革
	活用フェーズの重視	波全体を同じように重視
	安定性かダイナミズムのどちらかのみ	安定性とダイナミズムの両立
	狭く限定された職務や役割	有能な人材の流動的な配置
	安定した展望、画一的な実行	安定した展望、多様な実行
シナリオ②健全な撤退（第3章）	最後まで優位性を守る	頻繁に、正式に、体系的に、優位性を捨てる
	撤退は戦略的に望ましくないとみなされる	撤退から学びつづけることが重視される
	撤退は突然、劇的に起こる	撤退は一定の周期で起こる
	客観的事実が重視される	主観的な早期警報が重視される
シナリオ③資源配分を活用して手際のよさを向上させる（第4章）	資源は事業部門に人質にとられている	主要資源は中央の統治機構で管理される
	ビジネスチャンスを既存の組織に押し込む	ビジネスチャンスを中心に組織をつくる
	資産の寿命をできるだけ延ばそうとする	競争力を失った資産は先手を打って処分する
	残存価値	資産負債
	資本予算の考え方	リアルオプションの考え方
	投資集約的な戦略構想	倹約、倹約、倹約
	所有がカギ	アクセスがカギ
	自分でつくる	外部資源を活用する
シナリオ④イノベーションに習熟する（第5章）	イノベーションは断続的	イノベーションは継続的で体系的なプロセス
	統治と予算作成は企業全体で同じ手法で行なわれる	イノベーションの統治と予算作成は通常の事業とは別に行なわれる
	資源はおおむね優位性の活用に使われる	中核事業を支え、新たなプラットフォームを確立し、さまざまなオプションに投資する事業構想からなる、バランスのとれたポートフォリオ

インフォシス戦略担当責任者のサンジャイ・プロヒットは最近、コロンビア大学の経営者教育コースでゲストスピーカーを務め、およそ二、三年ごとに組織を再編していると語った。そうすることによって、どんな組織であれ、時間の経過とともに増大する多くの惰性と複雑さを断ち切り、一定水準を満たす継続的な付加価値を生み出さないプロジェクトや活動から、より付加価値の高い活動へと人員を絶えず異動させられる。同社の顧客選びは徹底している。自分たちが新たな価値の源泉を開拓する助けとならない場合、その顧客へのサービス提供を断るのだ。組織が分裂するのではないかとか、再編成には多くのコストがかかるのではないかという疑問が浮かぶかもしれない。それについてプロヒットはこう答える。「組織再編のコストは、それによって生じる成長の可能性とくらべれば何でもありません。われわれは成長の新機軸となるものを練り上げてから、それに適合するよう会社を再編するのです」

持続する競争優位という想定と、よりダイナミックな戦略との最大の違いは、撤退——利用しつくされたビジネスチャンスから離れるプロセス——がイノベーション、成長、活用と同じく事業の中核をなすということだ。特定のアリーナは、最後まで優位性を守るためではなく定期的に退出するために評価される。早期警報は無視されずに注目される。撤退は失われた栄光の落胆すべき印というよりも、価値ある資源を解放し、ふたたび目的をもたせる手段とみなされる。このテーマについては第3章で掘り下げる。

私は、ヤフーIR・株式関連部門リーダーの浜辺真紀子に、撤退への対処のしかたについてたずねてみた。彼女によれば、撤退プロセスを会社の利益へと結びつけるカギの一つは、人々がサービスをどのように使い、どれくらいの利益を生むかを示すデータの透明性だ。すべての事業部長は、トラフィックの数字を見て、何が利益となるか、ならないかを判断する方法を知っているし、ある事業が得意先と対立する時期を見抜けるという。その時点で、撤退の決定は十分に理解を得られるし、受け入れられる。すると、人々は別のビジネスチャンスへ移っていくのだ。

第4章では、資産をどう管理し、どう組織化するかについて、一時的優位性の世界での際立った特徴について解説する。ここでは資産の所有ではなく、資産へのアクセスが主要テーマとなる。多くの場合、流動的で多目的に使える資産は、固定的で特定の目的をもつ資産よりも魅力があるとみなされる。特定の優位性を手にしているリーダーが資源を人質にとるのを防ぐことは、当たり前になるだろう。リーダーが古い優位性にしがみつくことの危険性を企業が意識するようになるからだ。

大規模プロジェクトは、いくつもの段階をへて厳格に構築・運営されるのだろうと考えがちだ。だが、ACSのフロレンティーノ・ペレスCEOはこう主張する。「建設会社は、請負業者と同じ文化を必要とする活動へ手を広げてきました……サービス、インフラ、土地使用権、さらに最近ではエネルギーにまで携わるようになっています」。ACSは、スペインのいくつかの事業セクターの再構築できわめて重要な役割を担っているとされていた。新たな業界と地域へ手を広げ、それらの事業セクターにおける現代の働き方に柔軟性を取り入れたのだ。[12]

第5章では次のことを示す。一時的優位性の世界では、イノベーションは継続的で、中核的で、管理の行き届いたプロセスでなければならず、多くの企業でおなじみの気まぐれに満ちた試験的なプロセスであってはならない。試行錯誤や思いがけない失敗に対して寛容な実験志向、イノベーションの各段階を管理する明確なプロセス、イノベーターのためのキャリアパスなどが確立される可能性が高い。

インドで急成長中のHDFC銀行は、イノベーションを体系化すること、上層部の協議事項の一つにすることの重要性を強調する。CEOのアディチャ・プリはこう述べる。「われわれは三つの視点で成長を計画しています。一つめは私の目の前の事業、二つめは目の前に見えるが、いまから五年後に大事業となるもの、三つめはピラミッドの底辺にあり、ことによるといまから五年後に大事業となるもの[13]」

変化の激しい市場での競争は、リーダーがもたらすマインドセット（ものの見方）に影響をおよぼす。これが第6章の探究テーマだ。競争のペースが速くなるにつれて、意思決定は「だいたい正しい」判断のもとですばやく下されるようになる。従来の、正確だがゆっくりした意思決定のプロセスでは太刀打ちできなくなるだろう。予測や「正しさ」よりも、すばやく反応し、修正措置をとることのほうが重要になる。今日、企業の意思決定プロセスの多くは、決定の正しさを示す情報を探そうとしている。だが一時的優位性の世界では、反証こそ何より価値の高い情報である場合が多い。というのも反証は、最大のリスクがどこにあるかを明確にしてくれるからだ。

例外的成長企業のリーダーがいかに冷徹で率直かは、伝説になるほど有名な話だ。コグニザントのフランシスコ・デスーザCEOを例に挙げてみよう。ラクシュミ・ナーラーヤナン前CEOを信じるなら、デスーザが計画を入念に調べる方法には、独善の入り込む余地はこれっぽっちもないという。ナーラーヤナンは言う。「彼に対するどんな進言も疑問視されるでしょう。結論も、結論を支える推論も、推論を支えるデータも、データのソースも疑問視されるでしょう。運が悪いと、ソースの入手法やソースの裏にある動機まで……そのおかげで、すべての人が代替手段を冷静に考え、検討するようになるのです[14]」。HDFC銀行のアディチャも似たようなやり方をしている。「私は部下に、CEOのもとを訪れるのは歯医者に行くようなものだと言っています。痛いこともあるでしょう。多くの励ましを受けるでしょう。とはいえ私の仕事は、何がうまくいっていて何がうまくいっていないかを部下に教えることです[15]」

最後に、第7章ではこうしたあらゆる事態が読者——リーダーであれ、従業員であれ、クライアントであれ、ただの傍観者であれ——にとって何を意味するかを考える。実は、私たちは競争優位の終焉によって二つに分断されはじめた世界を目にしている。一部の人々にとって、競争優位の終焉は、職場への要望を苦々しい思いで下方修正することを意味する。というのも彼らは、希少な、あるいは価値あるスキルをもっていないからだ。組織が柔軟性を最大化するために行なう固定費の無情な削減に抵抗できない可能性が高い。だが、価値の高い、希少な、あるいは需要のあるスキルをもつ人々にとっては、十分な見返りがありそうだ。この終章では、一時的優位性の観点から、個人的なキャリア戦略をどのように考えるべきかについて論じる。

先へ進む前に、あなたは自社の戦略を評価したいかもしれない。古びた競争優位にとらわれているのか？　時代遅れの想定に基づいて戦っているのか？　以下に示す評価ツールを使って調べてみてほしい。そのあと他社がどうやって難題を克服してきたかを学んでもらえればと思う。

表1-4　あなたの組織の仕事の進め方

既存の優位性の強化を重視する	点数	一時的優位性に対処できる
予算や人員などの資源は、既存事業の責任者たちが支配している。	1234567	決め手となる資源は、個別の事業運営にかかわらない独立部門が支配している。
既存の優位性をできるかぎり強化しようとする傾向がある。	1234567	新たな取り組みに移行することをめざし、既存の優位性から早めに手を引く傾向がある。
一つの事業から退く体系的プロセスがない。	1234567	事業から退く体系的プロセスがある。
撤退はつらく困難なものになりがちである。	1234567	撤退は通常のビジネスサイクルの一部にすぎない。
先の見えにくい状況であっても失敗を避けようとする。	1234567	失敗は避けられないものだと考え、そこから学ぼうとする。
予算を組むのは年に1度、あるいはそれ以上間隔をあけることさえある。	1234567	四半期に1度、あるいは必要に応じて短いサイクルで予算を組む。
一度立てた計画は変更せずにやり抜こうとする。	1234567	新たな情報を得るたびに気軽に計画を変更する。
資産活用に際しては最適化を重視する。	1234567	資産活用に際しては柔軟性を重視する。
イノベーションは不安定なプロセスである。	1234567	イノベーションは体系的なもので、自社の中核的プロセスである。
順調な事業から資源を引き揚げ、不確実なチャンスへ割り当てるのは難しい。	1234567	順調な事業部門から資源を引き揚げ、不確実なチャンスへ割り当てるのはごく普通のことだ。
もっとも優秀な人材は、問題解決や危機管理に多くの時間を費やしている。	1234567	もっとも優秀な人材は、組織のために新たなチャンスを生み出すことに多くの時間を費やしている。
組織構造を比較的安定した状態に保ち、新たなアイデアを既存の組織構造に合わせようとする。	1234567	新たなチャンスを活かすために必要であれば、組織を再編する。
実験よりも分析を重視する傾向がある。	1234567	分析よりも実験を重視する傾向がある。
何か問題が生じた場合、それを上級幹部に率直に伝えるのは容易なことではない。	1234567	何か問題が生じた場合、それを上級幹部に率直に伝えるのは実に簡単だ。

評価

あなたの会社は古い競争優位にとらわれているか？

優れた会社であっても、古びた優位性にとらわれて状況の変化にあわてふためくことがある。表1－4の診断が、不意をつかれる危険性のある項目を特定し、望ましい変革を教えてくれる。あなたの組織の仕事の進め方が7段階評価でいくつに該当するか考えてみてほしい。数字が小さい項目ほど、重点的に見直す必要がありそうだ。

第2章

シナリオ1

継続的に変わり続ける
——安定性とアジリティーの両立

再構成・再構築のプロセスは、優位性が一時的なものにすぎない状況で、価値ある存在でありつづけるための秘訣だ。というのも、再構成を通じて、資産、人員、能力が一つの優位性から別の優位性へと移行するからである（表2－1）。これは従来の戦略の考え方とはまるで違うため、最初に取り上げたほうがいいだろう。再構成をうまくやりとげる組織はその形を変えることができる。極端な人員削減や業務再編、いつまでも一つの役割に固執する社員、企業の発展過程での混乱などは見られない。かわりに、現在のさまざまな事業活動が絶えず再評価にさらされる。ある活動は新たな活動に道を譲る必要があるかもしれないことが理解されているためだ。

極端なリストラよりも継続的な変貌

一時的優位性の環境をうまく生き抜いてきた企業に見られるのは、古い優位性から絶えず資源を引き揚げ、新たな優位性の開発に投資するというパターンだ。

たとえばインフォシスは、低賃金のインド人労働者に依存するビジネスモデルから、独自のソフトウエアテストや企業アプリケーションのサービスを行なう新たなビジネスモデルへと、有能な人材や人員を移動させた。フォード・モーターのアラン・ムラーリーCEOは、象徴的ブランドのマーキュリー（その販売台数はピークだった一九七八年の五八万台から二〇〇九年にはわずか九万二〇〇〇台に落ち込んだ）を生産終了にする一方で、引き揚げた資源をリンカーンなどのブランドに投じると発表した。アメリカの大手電気通信会社のベライゾンは、光ファイバーネッ

表2-1　戦略の新たなシナリオ――再構成

旧	新
極端な人員削減や業務再編	継続的な変貌と変革
活用フェーズにあるアリーナがもっぱら重視される	アリーナ内の競争的ライフサイクルの全フェーズが等しく重視される
安定性かダイナミズムのどちらかのみ	安定性とダイナミズムの両立
狭く限定された職務や役割	有能な人材の流動的な配置
安定した展望、画一的な実行	安定した展望、多様な実行

トワーク・サービス（ＦｉＯＳ）やワイヤレス接続を基盤としたビジネスを成長させるために、電話帳や地上通信線のようなキャッシュを生むが低成長のアリーナから資源を引き揚げた。(1)

ここで株式非公開の繊維メーカー、ミリケン・アンド・カンパニーを取り上げたい。織物業界を壊滅させた競争を見事乗り越えた魅力的な企業である。ミリケンの存在を最初に教えてくれたのは、コロンビア大学で私の講座を受講する学生だった。彼は、当時同社のCEOを務めていた「ミリケン氏」について、まるで傾倒するロックスターのように熱く語ってくれた。ミリケン・アンド・カンパニーについて調べれば、同社のリーダーがなぜこれほどの熱狂を引き起こすのかがわかる。ミリケンの古くからのライバル会社はすべて、熾烈なグローバル競争の高まりの犠牲になって姿を消した。紡績ビジネスが事実上まるごとアジアへ移ってしまったのだ――一九九一年には、アメリカで販売される織物と衣服の五八％が輸入品だった。(2)ロジャー・ミリケンは当初、積極的な広報やロビー活動を行ない、その流れをなんとか止めようとしたが（実際、彼は「アメリカの誇りによって製造」という一大キャンペーンを展開した(3)）、結局、未来は自社の事業の再構築にかかっていると腹を決めた。同社

図2-1　ミリケンの事業再構成プロセス

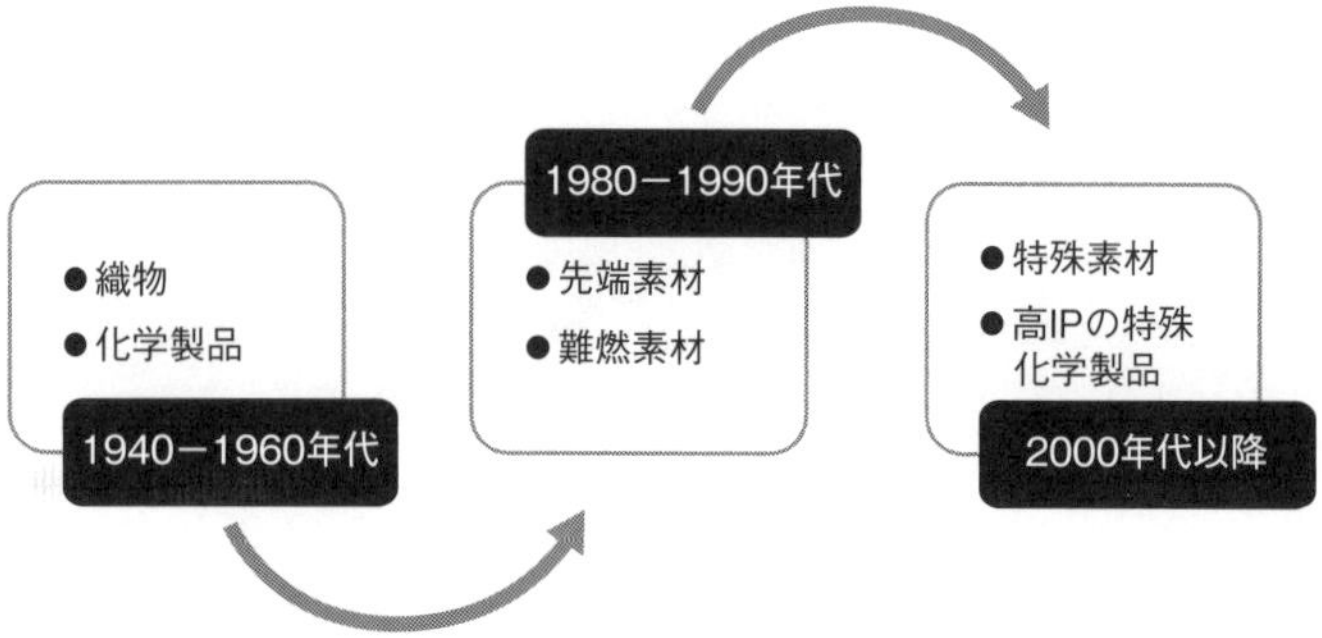

には革新的な活動の伝統があった。一九五八年に最初の研究所を設立し、革新的な経営慣行を採用したおかげで、その最先端のアイデアに対して当然のようにいくつもの賞を受けた。

ミリケンについて調べると、古びて疲弊したアリーナから撤退する一方で、新しくて有望なアリーナへ参入するというパターンがはっきりと見てとれる。最終的には伝統的な織物事業からほぼ手を引いたが、それを一気に進めたわけではなかった。一九八〇年代から九〇年代にかけて海外勢がアメリカ市場に猛攻をしかけると、同社はいくつかの工場を閉鎖した。工場を近代化し、競争力をつけようと努力しつつも織物事業から徐々に撤退していったことがわかる。一九八〇年代には七つ、一九九〇年代にはさらにいくつかの工場を閉鎖すると、二〇〇三年に二つ、二〇〇八年にもう一つを閉鎖し、二〇〇九年には自動車用の布地部門を売却した。私の知るかぎり、同社は、結果として苦境に陥った従業員の配置転換に尽力するとともに、国外への事業拡大、新たな技術、新たな市場に投資した。自社の能力が活かせる新たなアリーナへの進出もそうした動きの一つだ。二〇一二年一月のウォール・ストリート・ジャーナル紙に好意的な記事が出ている。「ミリケン社が製造しているのは、ダクトテープを強化する布地、冷蔵用食品容器を清浄し子供用マーカーペンのインクが水で落ちるようにする添加剤、マットレスを耐火性にする、調理台を抗菌性にする、風車を軽量化する、戦闘服の防護性を高めるといった諸製品だ(4)」

図2－1を見てほしい。ミリケンの事業再構成のプロセスが一目でわかる。同社は有名な企業文化の維持を自負しており、研修と社内開発、エンプロイー・エンゲージメント、業績への自尊心を重視している。ミリケンが織物からハイテクへとビジネスモデルを転換できたのだから、苦境に直面するほかの組織にも希望はある。

競争優位の罠を逃れる

アメリカのオンラインDVDレンタル会社ネットフリックスのリード・ヘイスティングスCEOは、業界紙で嘲笑の的にされてきた。再構成・再構築のためにとった二つの経営判断が、顧客を激怒させてしまったのである(5)。一つめは二〇一〇年夏に実施したサービスの大幅値上げだった。値上げの目的は、キャッシュフローを増やしてコンテンツを増強することとデジタル化が加速する世界でDVDの配送コストを賄うことだった。その結果、多くの会員が怒り狂ってネットフリックスを見放した。次に、ストリーミングとDVDの事業を二つの別会社に分割すると、五〇万人を超える会員が去ってしまった。ストリーミング・サービスを扱う新会社は、ネットフリックスの名前をそのまま受け継いだ。DVD事業は「クウィックスター」と名を改め、独自のウェブサイト・会社組織・経営陣で再スタートを切ることになった。この経営転換が顧客を激怒させたため、ヘイスティングスは週末のオフサイトミーティングで、自分はおそらく毒見役を引き受けるべきなのだと冗談を飛ばしたほどだった。すぐさま、クウィックスターの案は捨て去られ退却の運びとなった。

これらの経営判断の扱い方や伝え方には大いに問題があるものの、ネットフリックスの物語は競争優位を転換する際の根本的なジレンマを明らかにしている。優位性がむしばまれつつある早期警報が表れたらどうするか？　当初の優位性から撤退すると同時に、次の優位性へ資源をつぎ込むには、組織をどう再構成すればいいか？

ヘイスティングスは、ユーザーがコンテンツにアクセスするのにストリーミング・サービスを好んで利用するだろうと見込んでいた。ユーザーがどんな機器を使っていてもそれは変わらない。だとすれば、DVD事業が会社の命運を握る中核事業となることはない。そう考えれば、二つの事業を分割するのは当然の成り行きだ。ネットフリックスの指導部の役割は、急成長をなしとげること、デジタルコンテンツへのアクセスを管理することである。一方、クウィックスターの指導部の役割は、事業をできるかぎり続け、そこから利益を搾り取ることだ。この二つは正反対の活動である。企業の立場からすると、おかしな点はどこにもない。

だが、ここに問題がある。顧客からすれば、こうした方向転換はひどく腹立たしいものだ。顧客は、映画などコンテンツの順番待ちの「行列」に一カ所に並ぶことに慣れていた。そのため、DVDとストリーミングの両方へアクセスを続けたい場合、手間が二倍かかることに激怒したのだ。さらに、ストリーミング・サービスよりもDVDのほうが、映画作品がはるかに充実していた。これがさらなる失望を生んだ。観たい映画を探すには両方のサービスをチェックしなければならなくなったのだ。コンテンツのプロバイダーは、ネットフリックスがケーブルテレビの高額な会費に大打撃を与えるのではないかと警戒し、自社のネットワーク配信と競合するストリーミング事業にはあまり関心を示さなかった。

決着はまだついていない。私から見ると、DVD事業を縮小するという経営判断は長期的には理にかなっている。ただ、対処を急ぎすぎたのだ。DVDからストリーミングへの移行には批判があるかもしれないが、ネットフリックスは他事業ではもっと巧みに移行を進めている。たとえば映画への依存を減らそうと、テレビショーの配信、それも自社制作の番組を配信しはじめている。ではどうすればもっとスマートにDVD事業から撤退できたのだろうか――それは次章で述べることにしたい。

成長企業は何を実行したのか

ビジネスモデルの転換に長けた企業もある。第1章で述べた例外的成長企業を思い出してほしい。四八〇〇社近い企業のうちのわずか一〇社が、一九九九年から二〇〇九年にかけて、市場、

表2-2　例外的成長企業（2009年末）

例外的成長企業	事業	本拠地	設立年	時価総額*	従業員数
インフォシス	ITコンサルティングなどのサービス	インド	1981	31,894	113,800
ヤフー	インターネット関連のソフトフェアとサービス	日本	1996	20,334	4,882
HDFC銀行	多角化された銀行	インド	1994	16,554	51,888
ACS	建設とエンジニアリング	スペイン	1983	15,525	142,176
コグニザント・テクノロジー・ソリューションズ	ITコンサルティングなどのサービス	アメリカ	1994	13,312	78,400
青島ビール	ビール醸造	中国	1903	7,214	33,839
インドラ・システマス	ITコンサルティングなどのサービス	スペイン	1921	3,666	26,175
クルカ	製薬	スロベニア	1954	3,186	7,975
ファクトセット	アプリケーションソフト	アメリカ	1978	3,009	4,116
アトモス・エナジー	ガス供給	アメリカ	1906	2,614	4,913

＊単位：100万ドル

経済、業界の大変動にもかかわらず着実な成長を遂げていた（表2―2）。この調査の主要な結論はこうだ。例外的成長企業は、とりわけビジネスモデルに関して、途方もない内部の安定性を保つ一方で、途方もない対外的なアジリティーを発揮する方法を見いだして実行していたのである。これらの企業――また優位性から優位性へ移行する優れた実績をもつほかの企業――が安定性とダイナミズムをどうやって両立させているのか見ていこう。

安定性の5つの源泉

ダイナミズムと急速な環境の変化に取り囲まれているというのに、私たちはきわめて不確実な事態に直面すると、どうしていいかわからずに立ちすくんでしまいがちだ。それゆえ例外的成長企業は、ソーシャル・アーキテクチャーを生み出し、社員が不確実性と変化になるたけ直面しないですむようにしてきた。実際、例外的成長企業の社員は、多くの典型的な組織の社員とくらべ、組織上の役割や構造に気を揉んだりして時間を無駄にすることはない。

源泉①野望

例外的成長企業に共通しているのは、グローバルな野望を社是に掲げ、あらゆるケースで明確な戦略的方向感覚をもっていることである。アナリストや外部の観察者による論評で基準とすべき企業とされていることからも、それがわかる。その種の論評は、「うまく管理された」「ベストプラクティス」「ベンチマーク」といった言葉ばかりでうんざりするが、例外的成長企業のリーダーたちは並外れた野望を抱き、目標を高く設定しているように思える。彼らはまた共通の重要テーマを追求するが、それらのテーマは説得力のある戦略診断の帰結である。たとえばインフォシスの場合、上層部はインフォシス1・0（基本的に労働裁定取引）、インフォシス2・0（サービス分野での世界進出）、そしていまやインフォシス3・0の出現について語っている。

HDFC銀行は、すべての業務でベストプラクティスの基準を満たす、真にグローバルなインド初の銀行になるという明快な意図のもとに設立された。そのウェブサイトではこう宣言されている。「一九九五年、HDFC銀行は、一つの単純なミッションを掲げて営業を開始しました。『世界に通じるインドの銀行になること』です。私たちは、質の高い商品と優れたサービスをひたすら追求することだけが目的を達する道だとわかっていました」。インフォシスの創業チームは、透明性が高く世界水準のプラクティスをもつ現代的なインド企業をつくろうと決意していた（インフォシスのCEOは二〇〇九年、世界でもっとも影響力のある経営思想家五〇人のうちの一人に選ばれた）。コグニザントは、ダン・アンド・ブラッドストリートの子会社として「生まれながらにグローバル」な企業であり、設立当初から野心的な成長目標を戦略に組み込んでいた。クルカは世界規模の投資とパートナーシップによって、拠点である東欧から遠く離れた地域にまで勢力を広げている（中国をはじめ、諸外国とのパートナーシップは可能性の拡大を後押しするものだ）。アトモス・エナジーは、規制部門の天然ガス関連事業で世界に通じる効率性を達成し、非規制部門では着実に成長するという目標を立てた。ACSは自社を「あらゆる種類のイ

ンフラとサービスのプロモーション、開発、建設、管理において世界の基準」だと誇らしげに述べている。(6)

当然ながら、何らかの賞や認定を受けたことに触れる記事が、企業のウェブサイトを華々しく飾っているのが見られる。HDFC銀行は、まるまる一ページを費やして受賞歴を紹介している。二〇一〇年だけでも三四の賞が記載されている。これらの行動が意味するところについて注意してほしい。リーダーの誰もが、賞の記載がない年にトップになりたいとは思わない。

インフォシスは、フォーチュン誌の「リーダーにとって最良の会社」ランキングで定期的にトップを占めている。ファクトセットは、フォーチュン誌の「もっとも働きがいのある会社ベスト一〇〇」や、ビジネスウィーク誌の「キャリアのスタートに最適な職場」に選ばれている。インドラ・システマスは二〇〇七年、コンピューターワールド誌のベストサービス企業賞を受けているし、世界で「もっとも倫理的な企業」にも選ばれている。この賞の受賞は二〇一〇年で、同社が一連の「もっとも持続可能な事業会社」賞を受けたあとのことだ。クルカは、自社製品について顧客がどのブランドをもっとも信頼しているかを示す「信頼のゴールデン・オーティス賞」に輝いたことを誇らしげに公表している。ここで肝心なのは、こうした各企業がとった戦略は、当該企業にとって抑えきれない野望に基づいており、その野望が従業員に狙うべき照準点を示すということだ。

大きすぎるくらいの野望は長期的な変革にとって重要な意味をもつという発見は、ほかの観察者の結論とも一致する。企業が独りよがりに陥って過去の優位性の追求で満足してしまわないためにも、それが欠かせない。たとえば、ノキアの絶頂期に長いこと上級役員を務め、現在はコンサルタントにして教授でもあるミッコ・コソネンは、拡張性、不安定性、多次元性が企業の行き詰まりを阻止するのにきわめて重要だと指摘する。彼は私とのインタビューで「矛盾をはらんだ高めの目標は大切だ」と述べた。それは、独善に陥らないためのしくみが大切なのと同じことだ。従業員をあちこちの持ち場に異動させ、さまざまな観点からさまざまな方法で事業を見るよう促すことも、そうしたしくみの一つである。

源泉②アイデンティティーと文化

安定性の第二の源泉は、共通のアイデンティティー、文化、リーダーシップ開発への関心を生み出すべく、例外的成長企業が行なう投資である。これらの企業は、価値観、文化、連帯に格別な注意を払い、しつこいほどに研修に投資する。

HDFC銀行の文化について研究した最近のMBA論文によると、同行の行員は概して、組織の効率性、エンプロイー・エンゲージメント、支援的文化といった文化的価値観で自社を高く評価しているという[7]。ファクトセットは、従業員候補向けの重要な呼び物として、ウェブサイト上で企業文化を宣伝している。ACSの会長は最近の年次報告書で、同社戦略の四つの「ベクトル」の一つとして、「最高の人材を採用し、雇用しつづけること」を強調した。一九九七年、アトモス・エナジーのボブ・ベストCEO（当時）は、文化および共有された価値観の創造が他社との差別化要因になると判断した。彼はこう述べている。「文化の基礎を正しく築けば、必要なときに変化を起こせると思います。文化はあらゆる成功の土台です。これは、わが社の長期的な繁栄と成功にとって実に重要なプロセスとなっています(8)」

源泉③人員配置、そう、だが人材開発も

一連の優位性から別の優位性へ移行できる企業がもつ安定性のさらなる要素は、従業員の教育とスキルアップへの意識的な取り組みだ。

インフォシスのクリス・ゴパラクリシュナンは、人材教育に注力していると話す。どうやって従業員を優位性から優位性へ移行させるのかとたずねると、彼はこう語った。「われわれは学習能力のある人を雇います——新しいことを学ぶ力のある人を慎重に選ぶのです」。彼が言うように、インフォシスはいかなるときでも、従業員の時間の約八割は何らかの仕事に配置している。それが得策なのは、インフォシスはそうすることで利益を挙げているからにほかならない。従業員は残りの二割の時間を、教育と研修に当てるよう期待されている。結果として、彼らは絶えずスキルを向上させ、ある優位性から別の優位性への移行に容易に対応できるようになるのだ。一億二〇〇〇万ドルを投じて建設された有名なインフォシス教育センターは、一度に一万三五〇〇人を訓練する能力がある。

賢明な企業は、たゆまぬ研修と人材開発こそが、競争条件が変化したときに従業員を解雇せずにすむ仕組みだと理解している。そのため、人員の配置に心を砕く一方で研修にも投資している。スイスを本拠とする語学サービス企業CLSコミュニケーションを例にとってみよう。同社

は、スイス銀行とチューリヒ・フィナンシャル・サービスの社内翻訳部門が一九九七年にスピンオフして始まった。以来、執筆、編集、翻訳という中核事業の基礎技術が激変するなかで急成長してきた。私はCEOのドリス・アルビセルに、ビジネスモデルの人的側面と技術の変化にどう対処しているのかをたずねてみた。彼女が強調したのは、継続的な人材育成と、ニーズの変化に合わせて従業員を社内のいたるところに異動させることだった。とりわけ、新たな技術――テキスト・データベースと一体の機械翻訳――の導入に伴う研修について語ってくれた。従業員は最新技術の導入に当初は抵抗したものの、古参の翻訳者の一人が実際にほかの翻訳者を訓練しはじめると、最終的には技能を大きく向上させたのである。

ポイントはこうだ。変革が避けられないとわかったとき、優位性から優位性へ移行できるよう従業員を訓練することは、事業を展開するうえでコストになる。それはまさに、オフィスの照明やコンピューターにかかる光熱費と同じくらい重要なものだ。従業員があちこちに移動できる能力を身につけるための投資は、変革に対する巨大な障害を取り除くとともに、単なる人員の配置から移動能力の養成へ重心を移すことにほかならないのである。

源泉④戦略とリーダーシップ

私たちの調査期間を通じて、例外的成長企業の戦略報告書の安定性は注目に値する。調査期間中は波乱に満ちた時代だった。インターネット・バブルの崩壊で始まり、9・11の悲劇をへて、世界を巻き込んだアメリカの住宅バブルと信用バブル崩壊、ユーロの導入、イラクとアフガニスタンでの戦争、通商手段としてのインターネットの爆発的拡大、二〇〇八年の金融危機などが次々と起きた。

ところが、例外的成長企業はこうした環境の混乱を社内にもち込まなかったように思える。それらのリーダーへのインタビューでたびたび言及されたのは、明確で単純な少数の戦略的優先事項、企業文化の構築と有能な人材育成の重要性、いくつかの中核的能力の活用などだった。大きな変化のさなかですら、こうした企業のCEOや経営陣は安定性を実現する巨大な力を生み出すのだ。

たとえば青島ビールの場合、要求の厳しいCEOが二〇〇一年に急逝すると、後を継いだ上層部は前CEOの世界進出路線戦略を継続した。ACSが設立された一九八三年、当時のCEOは、スペインでもっとも利益率の高い民間建設会社をめざすと宣言した。現在もその戦略は続いており、「土木工学と生産工学の両プロジェクトで」リーダーになるという公式の目標が追求されている。アトモス・エナジーは今日、一九九七年に前CEOが表明した戦略を実行している。つまり、規制事業では効率を高め、非規制事業では成長を促しているのだ。ファクトセットの戦略報告書は、基盤となるテクノロジーの大きな変化や、主要顧客に関する情報の爆発的増加にもかかわらず、創立以来まったく変わっていない。

例外的成長企業のリーダーたちの大半もまた安定していた。一〇社すべてで、現在の上級幹部の多くは生え抜きで、ホワイトナイトもいなければ、他業界からやってきた救世主もいなかった。興味深いことに、またほかの研究者による長年の発見とも一致するとおり、リーダーは概して控えめな姿勢を保っていた。彼らは尊敬され、大きな貢献を認められ、メディアでもそれなりに取り上げられていたが、たいていの場合、注目を浴びる有名人ではなかった。ただ、ACSのCEOは例外で、スペインのサッカーチームの名門レアル・マドリードをこれ見よがしに買収し、莫大な資金を投じてスーパースターを集めた。私が個人的にお目にかかる光栄に浴してきた五人は、つねに穏やかで、礼儀正しく、話し相手のコメントによく耳を傾ける人たちだった。

源泉⑤安定した関係

さらに注目に値するのは、例外的成長企業、クライアント、エコシステムパートナーのあいだの関係もきわめて安定しているケースが多いことだ。ファクトセットは、過去一〇年間の顧客維持率が九五％であることを自負し、ウェブサイトでは従業員定着率が九〇％であると述べている。アナリストによれば、インフォシスとコグニザントは顧客をがっちりとつかんでいる（コグニザントは九〇％の顧客満足度を誇り、インフォシスは私たちの最近のインタビューで顧客維持率が九五％に達すると答えている）。インドラ・システマスは年次報告書で「インドラは、サプライヤーや知識機関を価値創造のパートナーにして、イノベーションの協力者だと考えています。わが社はそうあることに大きな責任を負っています」と述べている。こうした事実は、例外的成長企業による戦略の変更が痛みを伴う変革となることはほとんどない、という私たちの観察と一致している――これらの企業が、顧客の変化に応じて漸進的に変化できるという事実は、クライアントやサービス企業の利益に沿うものであり、それらを対立させるものではない。

関係を維持することの価値を学んできた企業はほかにもある。興味深いことに、そうした企業は、むしばまれる優位性への対応に真剣に取り組んだ人々の処遇問題を取り上げ、そのプロセスを意識的に管理している。出版社のウォルターズ・クルワーのナンシー・マッキンストリーCEOは、大半の製品が印刷物だった段階から苦労してデジタルの世界へ移行した際、この問題にしばしば直面せざるをえなかった。彼女は、一つの市場から別の市場への従業員の配置転換と、雇用を維持しながら柔軟性を保つカギとして再訓練を重要視していた。

もちろん、従業員の配置転換や再訓練がつねに可能だとは限らない。ときには別れが必要な場合もある。手本とすべき企業は、こうした別れを上手にやりとげるようだ。つまり、従業員が――完全にであれ一時的であれ――解雇されたあとも、企業との良好な関係を維持できるように努める。イギリスのコンサルティング会社であるサゲンティアは、流動性、変革、ビジネスモデルの転換を自社の文化へ組み込むことで、事実上、一時的優位に専心する企業だ。それでも、ときとして従業員を解雇しなければならないことがある。私はその点について、サゲンティアの上級幹部の一人にたずねた。すると彼は、そうした人事上の決定が公正かつ透明であると納得してもらえるように格段の努力をすると答えた。その後、解雇された従業員はどうしたのか？「コンサルティング会社を興した人もいれば、わが社がかつてコンサルティングをしていた企業で幹部になった人もいます……重要なのは人々がよい着地点を見つけることです。私は彼らと個人的に連絡をとり合っています」

このように、変化を歓迎し、うまく制御しているように見える企業でさえ、事業の運営には安定性を維持するための途方もない努力が存在する。ではそれらの企業はいかにして、きわめて競争の激しい市場で必要とされるダイナミズムを維持しているのだろうか? この疑問に答えるには、変化している部分に目を向ける必要がある。要するに、これらの企業がダイナミックかつ俊敏に行動している領域はどこにあるのだろうか?

アジリティーの5つの源泉

例外的成長企業は一様に、展望、戦略、企業文化、リーダーシップに絶えず安定性を生み出す社内のシステムや構造とは裏腹に、戦略的アジリティー(俊敏さ)を育むために——言い換えれば、日常的に絶えず変化を起こすために——十分に考えられ、洗練されたいくつかのアプローチをもつことがわかった。そうしたアプローチの一つはやや意外なものだった。例外的成長企業は、大幅な人員削減、業務再編、事業売却を、調査期間を通じてまったく実施しなかったのである。

源泉①痛みを伴わない小さな変革を重ねる

例外的成長企業の調査を始めたとき、私はこう予想していた。一時的優位性の世界で生き残る企業は、人員削減、業務再編、さもなくば斜陽分野から撤退する大がかりなプロセスを踏んでいるに違いないと。そこで、学生研究員の尻を叩きながら一夏を費やし、例外的成長企業がどうやって事業セグメントから抜け出し、プロジェクトを取り消し、あるいは事業領域から撤退したかを示す事例を探した。学生たちはいらだちを募らせながらも調査に励んでくれたが、何の成果も得られなかった。

どうやら例外的成長企業は、ライバル企業と違って、変化を通常の業務に取り込んでいるらしいことが見えてきた。不採算事業の突然の売却に走るのではなく、柔軟かつ継続的に資源を再配分するのだ。私たちは最善を尽くしたものの、痛みを伴う唐突な撤退の例はほとんど見つからなかった。かわりに目についたのは、資源を移転させ、重点を移動させる傾向だった。また、コストを削減したり資産を売却したりするのではなく、新規市場に参入すべく業界の進歩を（とりわけ技術面で）受け入れ、変化を歓迎するらしいこともわかった。まさにミリケンの例で見たとおりである。例外的成長企業は業界の変化を利用して、古い事業から手を引き、新たな高成長分野に参入するのである。

私の研究助手の一人、アリソン・ノーマンによれば、例外的成長企業にとって撤退情報は「定義しがたい」ものだという。また彼女が調査した五社は古い技術を新たな波に統合するコツを知っているらしく、業界の進歩を受け入れるものの、古い技術を完全に売却せずに新たな市場にも ち込むという。もう一人の研究員シー・チャンも同じ結論に達した。「それらの企業は、売却や処分をせずに、価値連鎖《バリューチェーン》の向上のためにアップグレードを選択する。すばやいアップグレードは三社（インフォシス、ＨＤＦＣ銀行、ファクトセット）すべてに共通する特徴である」

コグニザントは、私たちの調査期間中、九度の戦略的買収を行なったが売却は一度も行なわなかった。コグニザント自体、ダン・アンド・ブラッドストリートからスピンオフし、設立当初は単純なテクノロジー・サービスを提供していたが、徐々に専門的なコンサルティング・サービスに進出してきた。また、有力な業界に集中し、自社チームとクライアントが結びつきを深めることで他社との差別化を図ってきた。会社の発展に伴ってコグニザントは、技術と従業員を、低成長事業（たとえば、ありきたりのビジネス・プロセス・アウトソーシング）から、より労働集約的なハイタッチ・ビジネス（たとえば、完全で複雑なソフトウエア・ソリューション）へと移行してきた。CEOのフランシスコ・デスーザは、労働裁定取引から知的裁定取引への進化と称する戦略を追求している。だが、サティヤム・コンピューター・サービスなどのライバル企業とは違い、大規模な人員削減は行なっていない。

例外的成長企業の事業からの退き方について興味深い点は、競合他社の戦法とくらべてはるかに発展的だということだ。インフォシスの戦略担当責任者のサンジャイ・プロヒットは、撤退について次のように説明してくれた。「何かから手を引こうと決めると、われわれはそうしたものへの資源配分のペースを落とします。しばらくすると、それらは取るに足りないものとなります……それらを切り離す必要はなく、放っておけばいいのです……指導者層と有能な人材にふたたび目的をもたせるのも、ほかの分野に目を向けるのも簡単なことです。われわれは従業員を決して解雇しません。顧客をその場から移動させ、従業員は別の責任を負うのです」。一時的優位を心地よく受け入れる企業は何を考えているか——これは、その疑問に対するすばらしく簡潔な説明だと思った。

源泉②予算編成で資源の抱え込みを許さない

痛みを伴わない変革というアプローチには、もう少し目立たないメリットもある。企業が主な資源配分を組織の中央で管理するようになることだ。これが重要なのは、多くの会社で資源は罠から抜け出せなくなっており、ある大手多国籍企業で最高戦略責任者を務める友人の言葉を借りれば、事業部門レベルで資源が「人質にとられている」からだ。現職の幹部陣が変化を脅威とみなすせいで、事業がプレッシャーにさらされていたりビジネスチャンスが二つの事業部門にまたがっていたりすると、企業は効率的に対応できない。例外的成長企業の場合、大きな戦略的課題をめぐる意思決定は、事業部門レベルでの活動からかなり自由に、組織の中央で調整されてきたようだ。予算もまた、多くの組織とくらべてはるかにすばやく作成される。

たとえばインフォシスでは、予算は四半期ベースで周期的に調整される。プロヒットはにやりと笑ってこう語る。「必要とあれば、私は七日置きに予算を組むこともできます。そんなことをすれば従業員が途方に暮れるのでやりませんが、やろうと思えばできるのです」。インフォシスは「きわめて迅速に」資源を再配分できることを誇りにしている。コーポレート・プランニングというプロヒットの職務は、資源の評価と配分を見直すことだ。同社はある事業が多くの資源を必要としない場合、きわめて透明性の高い方法で、そのことを誰の目にも明らかにする。実際、ある部門長がプロヒットに電話してきて、この四半期では手もとの資源が使いきれないから一部を返したいと申し出ることもある。典型的な階層的企業でこんなやりとりが想像できるだろうか？　質の高いデータ・システムと徹底した透明性がこうしたプロセスを支えているのである。インフォシスに非表示データという概念は存在しないと、プロヒットは言う。会社にとっても事業部門にとってもすべてが同じように透明であり、事実は一つしかない。「わが社の会長はすばらしい言葉でこれを表現しています。われらは神を信じる。神ならぬ人であれば、データが示されてこそ信じられる、と」

私はこの話に胸を打たれた。典型的な企業の部門長が、戦略担当責任者のもとへやってきて資源の引き揚げを求める様子を想像してほしい。管理下にある従業員と資産が重要性の尺度であれば、こうしたやりとりは絶対に起きない。

源泉③柔軟性

予算作成のケースからもわかるように、変化に応じて形を変えるアプローチを支えるには、柔軟性に相当な投資をする必要がある。例外的成長企業は、大規模な年度予算作成のプロセスや効率重視の価値観よりも、柔軟性の強化に投資する――そのせいで犠牲になるものが多少はあるとしても。たとえばクルカは、五つの中核的価値の一つに「スピードと柔軟性」を挙げる（そのほかに、パートナーシップ、信頼、創造性、効率性がある）。こうした価値観の実現に尽力した従業員を報奨するため、年に一度の賞まで設けている。

例外的成長企業では、戦略の調整と資源配分の変更は一年ごとではなく、四半期ごとに行なわれることが多い。昇進や人事評価も同じである。ヤフーのＩＲ・株式関連部門リーダーの浜辺真紀子によると、同社は、四半期ごとの目標・評価システムを、昇進の判断を下す三六〇度評価に連動させているという。

これらの企業の運営法に関して興味深い点は、事業活動のペースを上げたおかげで、環境の変化にきわめて敏感に反応できることだ。より厳格で、年一回つくられるプロセスに従う企業よりも早く、変化して適応する必要性を察知できる。また、効率的な変化を妨げる主な障壁、つまりキャリアを危機にさらす恐怖感にもうまく対処している。この恐怖感のせいで、経営者はしばしば、撤退時期をとっくに逃しているにもかかわらず、落ち目の事業にしがみついてしまうのである。

源泉④イノベーションを本業としてとらえる

優位性の活用に没頭している企業の場合、イノベーションは結果論であることが多い。例外的成長企業では、イノベーションは気まぐれで散発的な努力ではなく、継続的な主要業務であり、全社員の職務の一環である。イノベーションとビジネスチャンス特定のプロセスは、ウェブサイト上で絶え間なく紹介され、社員募集資料の目玉となり、投資によって強化される。どの企業も、研究開発や海外進出といった新たな活動にいくら投資しているかを誇らしげに記載している。これらの企業に、部門横断的なイノベーション・パイプラインを管理するプロセスがあることも注目に値する。

ヤフーは四つの成長戦略を追求していると、浜辺は説明する。一つめはいわゆる「Yahoo!

Everywhere」構想で、どんなデバイスからでもヤフーの情報提供サービスを利用できるようにすること。二つめはユーザー志向のソーシャルメディアで、ユーザーからの提供情報をヤフーのサイト内のほかのデータにつけ加えて情報の価値を高めること。三つめはパーソナライズド・ローカルインフォメーション（地域情報）で、ユーザーの興味とニーズに応じた情報を提供すること。最後はオープン・ネットワーク・パートナーシップで、オンライン決済への対応といった問題にビジネス・ソリューションを提供することだ。こうした各領域内で、マネジャーたちには、次なるビジネスチャンスはどこかを特定する機会が定期的に与えられ、もっとも将来性のあるビジネスチャンスに資源が回される。同時に上層部は、主要サービスの取り扱いと、得意先との関係に対するそれらの影響を絶えず監視し、サービスの提供を停止すべき時期を判断する。

インフォシスの場合、すべての事業部門が経営陣から毎年課題を与えられる。自分たちがやろうとしていることのうち、劇的かつ迅速に事業を前進させる二つの重要な活動を明確にし、それを公に宣言するのだ。同社はつねに、新たな活動を全社員の「本業」の一部と考えている。ファクトセットは「イノベーションの三〇年」を誇りとしており、二〇〇八年に政府に提出した有価証券報告書にある決定的な競争要因を革新できるとまで宣言している(9)。

青島ビールは、継続的なイノベーションを進める中国企業の一つとみなされている。元CEOの一人は、より大規模な統合へ向けた改革を実施するにあたって「わが社は力をつけるために大きくなろうとするのではありません。大きくなるために力をつけねばならないのです」と述べた。青島ビールが革新的取り組みとして近年注力してきたのが、環境に責任を負う醸造業をめざすことだった。ある地元誌はこう報じている。「長年の努力が報われた。今年四月、四川省成都で開催された中国のグリーン企業年次サミット二〇一〇で、青島ビールは『中国のグリーン企業トップ一〇〇』ランキングでライバルを抑えて頂点に立ったのだ[10]」

源泉⑤オプション志向で市場を開拓する

私は本章の草稿を、共著もある同僚のイアン・マクミランに見せた。すると彼は、私たちがしばらく研究してきたオプション志向のアプローチが、例外的成長企業のビジネスチャンスに関する考え方と一致するのではないかと指摘した。「それは、オプション価値を糧とする会社をつくるようなものだ——絶えず検証し、事業に参入して取り組み、その後、撤退のコストが膨らむ前に、利用しつくされた領域から撤退する」。戦略の新たなシナリオが組み込もうとするのは、こうしたパターンを強化するマインドセットと一連の経営プロセスである。

私たちが調査対象としていた企業は、競合他社とくらべ、新たなビジネスチャンスを探るオプション志向のパターンをもっているように見えた。このアプローチの本質は、小さな初期投資をして好機を探り、うまくいきそうなものが見つかればその後もっと本格的に投資をするということだ。それらの企業はまた、特定の構想が成功しそうになければさっさと見切りをつける。概して、魅力的に見える分野へライバルよりも早く移行する傾向があった——その最終的な市場規模がはっきりしないときでさえ。さらに例外的成長企業は、次々に現れる新たな構想をつねに積極的に追求しているようだった。

新たな成長市場へ次々に参入してきたHDFC銀行の歴史は、格好の例だ。一九九八年、HDFC銀行はCirrus（シーラス）と合併し、世界中のマスターカードの保有者が、自行のATMネットワークを使えるようにした。その後、二〇〇一年にはVISA（ビザ）と提携し、国際デビットカードを発行するインド初の銀行となった。続いて、農業経営者専用のクレジットカードをつくり、二〇〇七年にタタパイプと協定を結んで農業経営者に信用枠を与えるなど、クレジットカードの利用法にイノベーションを起こした。

対照的に、主要なライバル企業であるICICI銀行が国際デビットカードの発行を模索しはじめたのは、二〇〇〇年に入ってからのことだった。HDFC銀行はその他多くの新たな市場で先手をとり、初期の成功から事業を築き上げるというパターンを貫いた。たとえば、世界中のATMネットワークに接続したり、テレバンキング・サービス、モバイル・バンキング、消費者ローン、eコマース、ホールセール・バンキング、オンライン決済サービス、外国為替サービスなどを提供したりした。実際、競争相手がHDFC銀行に先んじて資本を投下したと思われる成長市場は、インドの農村市場だけだった。農村では、インドステイト銀行がすでに確固たる地位を築いていた。それに対する打開策は、いかにもHDFC銀行らしかった。郵政省と手を組んで勢力範囲を拡大し、革新的な商品を提供したのだ。その一例が自助グループ向けの市場連携プログラムだ（自助グループはたいてい女性で構成されている。各メンバーは小額の資金を定期的に寄付し、融資可能な額に達すると、グループのメンバーかほかの投資のために使われる）。加えてHDFC銀行は、実験と継続的なイノベーションを重視している点を誇りにしている。

HDFC銀行の長期の成功について調べた記者によれば、プリCEOは「用心深い銀行家」だという。学習、適応、実行可能性の証明、続いてカテゴリーからカテゴリーへの拡張というプロセスをへて、新たな分野に慎重に参入するのである。プリは言う。「個人ローン、金借入、マイクロファイナンス、二輪車ローン、作付け融資——すべてが同じ周到なプロセスでした」[11]

ライバル企業とは対照的に、例外的成長企業が、大がかりでリスクの高い、一か八かの賭けに出ることは少ない。これは妥当性の低い仮説に大きな投資をしないというオプション志向と一貫した姿勢だ。

インドラ・システマスとライバル企業のBAEシステムズをくらべてみよう。調査期間中に両社とも買収や売却を行なったが、BAEのほうが大型になるケースが多かった——インドラは一億ドル以下の買収が多かったのに対し、BAEは一億ドルを優に超えるものがほとんどで、二〇〇七年のアーマー・ホールディングスの四五億ドルという巨額買収もあった。インフォシス前CEOのクリス・ゴパラクリシュナンによると、企業文化や事業がこうむる損失を抑えるために、同社は収益の一〇%を超える額の合併には決して手を出さないという。

最後に、例外的成長企業は多様だが関連性のあるポートフォリオをもっていた。各企業はポートフォリオの多様性を十分に維持しているおかげで、新たな選択肢を探ると同時に中核事業の再生に投資できるようだった。安定した業績は、一つの事業セグメントが衰退しても、ほかの事業セグメントを強化できるという事実の反映だ。

たとえばインドラ・システマスは、防衛事業からBDEの買収によってコンピューター・システム設計事業へと、またダイアグラマＦＩＰの買収によって銀行業へと多様化を進めた。その後の買収を通じて、一つのビジネスモデルやエンドマーケットに依存しすぎることなく、強力なソリューションのポートフォリオを構築・維持することが可能となった。青島ビールやヤフーといった単一製品企業の場合でも、営業地域に関する多様性（青島ビール）や、サービス内容と事業セグメントの多様性（ヤフー）によって、この原則を守っているようだ。

安定性とアジリティーの逆説的な結びつき

例外的成長企業の研究にとりかかったとき私は、特定の競争優位がつかのまにすぎない場合に、企業が存続し、成長し、繁栄するにはどうすればいいかについて、何らかの知見を得たいと思っていた。そして到達した主たる結論は、例外的成長企業は一見矛盾した要求を巧みに両立しているということだった。

一方で、例外的成長企業は途方もない安定性を発揮している。企業の価値観、文化規範、中核戦略、能力、顧客との結びつき、リーダーシップは、長期にわたって驚くほど一貫している。例外的成長企業はつねに変化し、状況に適応する。しかしその変化は発展的で、適応は迅速だが概して穏当なものだ。また、人材育成や価値観の強化といった「ソフト」面に相当な投資をする。それを支えるのが指導者層の有意義で象徴的な活動だ。

ところが、この安定した土台とは裏腹に、莫大な数の実験とイノベーションが行なわれている。例外的成長企業は、最新技術を開発して配備し、新たな市場に参入し、新たなビジネスモデルを探究し、新たな業界を開拓する。企業を買収し、異質な人材や組織から外部の情報を積極的に得ようとする。資源を迅速に調整・再調整し、幹部やスタッフをある役割から別の役割へと気軽に移動させる。

最初は矛盾しているように思えるかもしれないが、既存ビジネスとの一貫性と連帯を維持すると同時に、現状を革新し、現状に挑戦するという一対の能力は、むしろ相互に深く依存している。明白な価値観を伴う安定した組織環境のおかげで、従業員は実験で求められるリスクを自信をもって負うことができる。高い業績を求める規範と「リファレンス・カンパニー」たらんとする野望が、安定性が独善へと劣化するのを防ぐ。象徴的で強固な価値観によって、理にかなった倫理規範が維持される。小さな変化が継続することで組織が活気づき、陳腐化を招かずにすむとともに、大規模な業務再編による「ビッグバン」リスクが回避される。経営の連続性のおかげで非公式な社内ネットワークが形成される。これまでの研究で示されているとおり、イノベーションの成功にはこうしたネットワークが不可欠だ。企業の一貫したリズムと社内慣行は、新たな取り組みへの時間とエネルギーを解放する。こうした時間とエネルギーは、状況が違えば、旧来の仕事への取り組みに浪費されてしまう。

したがって、リーダーシップとマネジメントの課題は、イノベーションを進める力と、安定性を保つ力のあいだの相補性を維持できる組織体制を守ることだ。イノベーションのほうへシフトしすぎると、企業の一貫性や統合の恩恵が台無しになる。だからといって、安定性のほうへシフトしすぎると、イノベーションや変革が損なわれてしまう。いずれにせよ、私たちの調査で重要だったのは、資本構成、資本コスト、資産価格、時価総額といった「ハード」な分析対象ではなかった。

本章では、競争優位が現れては消える状況で繁栄するには何が必要かについての、きわめてレベルの高い展望を示した。以降の章では、中核的プロセスをさらに掘り下げていく。次章では、斜陽事業からの健全な撤退をいかに進めるかについて見ていくことにしよう。

第3章

シナリオ2

衰退の前兆をつかみ、うまく撤退する

表3-1　戦略の新たなシナリオ――撤退

旧	新
最後まで優位性を守る	頻繁に、正式に、体系的に、優位性を捨てる
撤退は戦略的に望ましくないとみなされる	撤退から学びつづけることが重視される
撤退は突然、劇的に起こる	撤退は一定の周期で起こる
客観的事実が重視される	主観的な早期警報が重視される

戦略やイノベーションを扱った本は、リーダーが新たに何をなすべきかについてのすばらしいアイデアにあふれている。ところが、私が最近席をともにしたある上級経営者はこう嘆いた。「何をやめるべきかについて書かれた本がありません！」。一時的優位性の世界では、何かをやめること――衰退しつつある既存の優位性を捨てること――が、何かを始めること以上に重要である。もはや成長の可能性を示せなかったり、競合他社によってコモディティー化されてしまったり、成長の見通しがほとんどなかったりするなら、その活動をやめる必要がある。

前章では、例外的成長企業がいかにして継続する小さな変革のプロセスを活用し、大がかりな退出や撤退の決定に追い込まれるのを避けているか、その具体的な手段を探った。だが、すべての企業がそれほど運がいいわけではない――もっと性急な撤退に迫られる場合もある。たとえば、落ち目の事業が予想より早く衰退する（一九九〇年代の富士写真フイルムに起こったケース）、市場が急激に変化する（iPhoneの登場によってスマートフォン市場に起こったケース）、あるいは単純に、企業が「活用」フェーズに長くとどまりすぎて再構成・再構築を怠ったなどの理由が考えられる。本章ではこうしたテーマに取り組むことにしたい（表3－1）。

衰退の早期警報を逃さない

事業やビジネスモデルが衰退しつつある兆候は、通常、企業が危機に陥るだいぶ前から明確にわかるものだ。アンテナを張りめぐらしていれば、たいてい多くの有用な情報が見つかる。やっかいなのは、企業が事業を進めるために利用する日常的な尺度にこうした情報がほとんど現れないことである。

イノベーションに対する収穫逓減

最初の明白な予兆は、次世代イノベーションによるユーザーエクスペリエンスの改善がどんどん小さくなることだ。次世代の売り物を考える社員が、自社の事業を差別化する新たな方法をなかなか考え出せないとすれば、それはよいことではない。社内の科学者やエンジニアが、新たな発見によって既存の路線が損なわれると予測しているなら、それもまたよいことではない。たとえば、ＲＩＭが販売する電子メールデバイスのブラックベリーは、初期のポケットベルから当然のごとく生まれたものであり、小型のキーボードを備えていた。その発展の路線が大きく変わることはなく、カラー画面、カメラ、ボイスレコーダー、その他のアプリケーションなどの機能が追加されていっただけだった。こうしたイノベーションは顧客に支持されていたが、もはや顧客をわくわくさせるものではなかった。

コモディティー化の進展

第二の明白な予兆は、新たな競合製品が満足のいくものになっているという顧客の声が耳に入るようになることだ。もっと悪いのは、より安価な競合製品の品質が自社製品と肩を並べ、両者のあいだにほとんど違いはないといった声だ。たとえばグーグルがアンドロイド携帯向けに開発した地図アプリのグーグルマップは、ターンバイターン方式のナビゲーションを提供する。そのせいで、スタンドアロンGPSを搭載したナビ装置の魅力が薄れ、自動車のダッシュボードや携帯情報端末でもその手の装置はもはや見られなくなるとまで予測されている。

さらに悪いのは、競合製品や代替製品が、顧客の望む競争の次元を変えてしまうほどの脅威をもたらす場合だ。それが驚くべきものであればなおさらだ。つい最近、ある内部関係者が、二〇〇七年のiPhone発売時のRIMの反応について次のように報告している。

RIMが、モトローラ、ノキア、パームなど初期のパイオニアと同じく支持を失った理由の一つは、自滅的な姿勢にあった。とりわけRIMは、スマートフォンは自社のポケットベルの派生品であり、バッテリー寿命の改善やワイヤレス技術の搭載によって機能を追加することはしないと決めてかかっていた。しかし、iPhoneの発売を待たずして、ブラックベリーはこうした予想を超えて成長しはじめた。ところが最近まで、そのオペレーション・

システムの基盤はポケベルの派生品という初期の想定に基づいていたのだ。

この事実は、ブラックベリー・ストームの開発はｉＰｈｏｎｅ発売後にようやく始まったのであり、以前から進められていたわけではないとの広く流布している説を裏づけるものだ。ＲＩＭ初のタッチスクリーン型スマートフォンのストームは、ｉＰｈｏｎｅが世に出てから約二年後の二〇〇八年末に発売された。マルチタッチ機能を備え、十分に精密なウェブブラウザーを搭載したトーチは、同年の夏になるまで登場しなかった(1)。

ＲＩＭはいまや、顧客が望む（また少なくともアンドロイド搭載のスマートフォンではきわめて低価格で提供されている）機能を大慌てで装備しなければならない立場に追い込まれ、市場シェアの縮小を食い止めるべく戦っている。

資産運用に対する収穫逓減

最後に、自社にまつわる数字を見てみるといい。通常、最初に起こるのは、売上成長率の小幅な下落だ。続いて、業績が横ばいになる。そしてついに、売上が減少に転じる。あいにく、業績数値が悪化するころには、予防策を講じようにも手遅れになっている場合が多い。いつのまにか、以前より弱い立場に後退しているのである。

かつては従来型の出版社でありながら、デジタルの世界へと舵を切ったウォルターズ・クルワーは、製品ポートフォリオを管理するスキルを実にうまく磨いてきた。マッキンストリーＣＥＯ

によれば、まだライフサイクルを保っている製品は「剪定」によって管理しているという。更新の頻度を少しゆるめ、投下される資源も減らす。これは「収穫」とみなされ、出版の製品ライフサイクル管理法の一つとして手軽に採用されてきた。完全な撤収という課題ははるかに難しい。マッキンストリーは、市場評価を行なない「製品カテゴリー別にマイクロ市場を整理」してきた。基本的に五%を上回る成長を達成している市場は高成長とみなされ、支援を続行する。二〜五%の成長は「維持」とされる。二%を下回る成長は収穫、それが無理なら撤収の候補となる。ウォルターズ・クルワーを率いるようになってからマッキンストリーは、イノベーションの一環として製品ポートフォリオの評価プロセスをさらに体系化してきた。その結果、今日では「わが社の資本の六〇%超が、五%を上回る成長を遂げている市場へ回されています」と、彼女はインタビューで語っている。また製品ポートフォリオの管理を有益だとみなせるのは、分析重視を転換する前よりも「やることが少なくてすむ」ためでもあるとしている。

撤退を決めるのは誰か？

自身のキャリアと将来の展望が「自分の」事業の存続にかかっているマネジャーが、みずから手を挙げて事業の撤退を進言するなどと期待するのは、現実的ではない。実のところ、効率を上げたり顧客ロイヤルティーを深めたりといった、優位性の活用フェーズで役立つスキルを使えば、本来なら撤退候補となるべき事業をさしあたり魅力的に装うことができる。さらに多くの企業で、事業や事業部門への疑問を呼び起こしかねない情報は、決定に異議が出ないようにするため、集められることもなければ提示されることもない。こうした難題を克服する方法は三つある。一つめは、ウォルターズ・クルワーがやってきたように、常時活動する専任のチームを設けて、会社の事業ポートフォリオの定期的な調査と、撤退や売却の候補選定にあたらせること。二つめは、積極的かつ頻繁に経営陣を刷新すること。このパターンを発見したのはコンサルティング会社のアクセンチュアだ。(2) 三つめは、事業ポートフォリオに入れるべきものと外すべきものをCEOが定期的に評価すること。プロクター・アンド・ギャンブル(P&G)のA・G・ラフリーCEOは、事業の「外と内をつなぐ」としてこれを定義した。彼がハーバード・ビジネスレビュー誌の記事で論じているように、「企業全体のことを考え、厳しい選択肢であっても考慮に加えられるのはCEOだけ」なのだ。(3)

例外的成長企業の一つであるヤフーの浜辺真紀子も同じことを指摘する。「わが社のCEOは、自分こそが最大のヘビーユーザーであり、一人のユーザーとしてヤフーには退屈なことをしてほしくないと言っています。それが基本的な考え方です」。事業とのこうした関係のおかげでCEOは、自社がどんなサービスを追求し、どれを捨てるべきかについて、数字をもとに比較的公正な判断が下せる。撤退の主な理由は、利用量や採算性が低い場合や、あるサービスがほかの事業とのあいだに対立を生む場合だ。一つの対立がサービス終了につながることもある。浜辺は続ける。「採算が合わない、もしくはほかの事業と対立しているとわかれば、経営陣は事業を継続しないでしょう。たとえば数年前、わが社はビデオキャストのサービスをやめました。ユーザーが動画をアップロードできるという点で、それはユーチューブと似ていました。しかしご存知のように、ユーチューブには非公認動画が大量にアップされています。そこで、われわれはそのかわりにＨｕｌｕに似たサービスを提供しています。これもオンライン動画配信サービスですが、コンテンツは正式に認可されたものです」。ビデオキャスト事業はコンテンツ製作者との良好な関係を傷つけると判断され、終了になったのだ。

最後の幕引きはそれぞれ違う

トルストイは忘れがたい言葉を残している。一部の才人はそれを「アンナ・カレーニナの原則」と名づけた——「幸福な家庭はどれも似たようなものだが、不幸な家庭はいずれもそれぞれに不幸である」（中村融訳、岩波文庫）。

衰えた競争優位にも同じことが言える。つまり、すべてが同じではないし、すべてが同じ結果を示すこともないし、すべてが失敗に終わるわけでもない。統計的に見れば、ほとんどの事業が時間とともにその価値を失う。実際、数年前に、当時マッキンゼーの研究員だったリチャード・フォスターとサラ・カプランは著書『創造的破壊』のなかで、ある事業が古びるにつれ、株主還元の総利回りは、それが属する業界と比較して一貫して減少することを報告した(4)。のちにハーバード・ビジネスレビュー誌に掲載された論文では、基本的にこう主張されている。売却するか、さもなくば手を引くべき事業に携わっていると思うなら、時間の経過とともに残存している価値が急速に破壊されてしまう前に、迅速に行動すべきだ⑤。

だがここで、私たちはときとして避けられない問題に直面する。競争優位の源泉である古くからの事業を、いつポートフォリオから取り除けばいいのか？

そうすべき理由は、次の三つのうちのいずれかだろう。第一に、あなたはネットフリックスと同じ結論に至るかもしれないが、現在の中核製品はある理由で時代遅れになりつつあるので、顧客、サプライヤー、組織を新たなプラットフォームに移動させる必要がある。第二に、ある事業は実際に堅実なキャッシュフローを生んでおり、順調な事業として魅力的かもしれないが、もはや自社の戦略にふさわしくない。最後に、ある事業や能力が単純にすたれつつある。

そして次に、私たちは時間の問題に直面する。優位性の移行が比較的ゆるやかで取り組む時間がかなりある場合もあれば、移行がきわめて急激で即座の行動が欠かせない場合もある。

以上の要素を組み合わせれば、次に挙げる6つの撤退戦略が考えられる。

6つの撤退戦略

第一の座標軸は資産や能力の将来性に関する経営陣の判断を、第二の座標軸は撤退を実行するにあたって実際の時間的制約がどれくらいあるかを示している。こうして、表3－2の単純なマトリックスができあがる。

表3-2　6つの撤退戦略

	能力が将来の事業の中核を担う	能力に価値はあるが、わが社にとってはない	能力は衰退しつつある
比較的小さな時間的制約	**整然とした移行** 事業の特徴を現在の形から明日の形へ移す	**ガレージセール** もはや興味のない資産を手ごろな価格で売却する	**脱出** 投資を減らすとともに、顧客へのサポートの継続には高い料金を課す
大きな時間的制約	**土壇場のロングパス** かつての中核能力を捨て、新たな中核へすみやかに移行するためのソリューションを見つける	**処分特売** もはや活用できない非中核資産を売却する	**最後に残る者** 整理統合を促す、さもなくば、利益の出る結末をめざす

①整然とした移行

ノルウェイのシブステッドの注目すべき物語に出会ったのは、二〇一〇年のビジネスウィーク誌でのことだった。[6] シブステッドは一八三九年設立の由緒ある新聞社だ。世界各地の新聞社と同様、シブステッドは広告収入の激減に耐えている。ビジネスウィーク誌の記事によれば、二〇〇〇年から二〇一〇年にかけてアメリカの新聞社の広告収入は壊滅的に落ち込み、二〇〇〇年の四八六億ドルから二〇〇九年には二四八億ドルに激減した。なかでも三行広告の低迷はひどかった。アメリカの同業者と同じく、シブステッドの発行するヴェルデス・ガング（VG）やアフテンポステンといった日刊紙は、広告、とりわけ三行広告からの収入激減に見舞われた。ところがアメリカの同業者とは異なり、シブステッドはまったく憂慮していない。離れていった顧客の大半は結局、同社が所有するいくつもの会社から……そう、同社傘下のある会社へと向かっていたのだ。一九九九年、シブステッドはFINN.noというサイトを運営するオンライン事業をスピンオフした。オンライン広告のプラットフォームを提供する会社である。同社は新聞と真っ向から競合するが、ロルフ・エリク・リスダルCEOに言わせれば、それで何の問題もないという。「われわれは共食いを恐れていませんでした」と、彼は記者に語っている。(7)

シブステッドが推進するオンライン事業は、アメリカの新聞経営者の頭痛の種であるクレイグスリスト（不動産売買、求人などの広告を書き込めるウェブサイト）のそれとさほど変わらない。ほとんどのリスティング広告は無料で利用できる。リスティングをもっと見やすくすることで料金をとるのだ。シブステッドのサイトは、クレイグスリストとは違って企業からの広告も掲載している。求人情報や自動車販売を扱う姉妹サイトもある。両者とも運営費はごくわずかなので、結果として、このオンライン広告はかつての印刷広告よりも高い利益率を誇っている。同社の従業員たちは計画を着実に実行し、買収や新たな地域の開拓を通じて、二二の国々に広告サイトを開設してきた。同社はいまや、クレイグスリストとイーベイに次ぐ世界第三位のオンライン広告企業に成長した。いくつかのサイトの利益率は六〇％と報じられている。

前CEOのシェル・オーモットは、先見の明がある人物として北欧では広く知られており、その地域に本社を置く株式会社でもっとも長くCEOを務めた一人だ。だが、今日の新聞の形態は「二〇年以内に」終わりを迎えるという彼の予測は不評で、「新聞事業はもうおしまいだということの手の予測にはいい加減うんざりだ」とある評者は不満を述べる。(8)

オーモットのインスピレーションの源泉はどこにあるのか？　数あるなかでも、とりわけ自分の孫だ。印刷メディアを観察しているある人物は、オーモットの将来の予測をこう説明する。オーモットは孫があまりテレビを観なくなり、かわりにインターネットや携帯電話を使っているのを目にしていた。また、孫が頻繁に習慣を――双方向のオンライン・ゲームから何かほかのものへ――変えるのに驚いた。彼は、昔ながらの新聞が孫のニーズに合っていないことを痛感していた。[9]論争に満ちたキャリアを通じてオーモットは、シブステッドのインターネット資産への移行を支える原動力だったのであり、同社が主要なビジネスモデルの衰退に備える手助けをしてきた。すると将来は？　もしかするとジャーナリズムは、自動車販売などの他事業から助成金を受け取ることになるかもしれないと、彼は言う。

シブステッドの物語から、顧客、収益源、経営モデルを、古い優位性から新たな優位性へと徐々に移すことによって事業から撤退するにはどうすればいいかがわかる。それはまた、顧客による製品乗り換えの興味深い実例でもある。オンライン・サービスへの移行を望んでいた顧客は、その簡単な手段を見つけるとまっ先に乗り換えた。一方、オンライン・サービスを望まない顧客は、機が熟すまでサービス移行を強制されることはなかった。同社は、早期採用者《アーリーアダプター》から一般消費者市場への移行を実にうまく進めたのである。

ネットフリックスの場合、そこまでうまくはいかなかった。顧客の多くが心の準備を整えないうちに新サービスへの移行を強制して、顧客を激怒させてしまったのだ。どの事業セグメントから撤退すべきかを検討したうえで段階を踏んで撤退すべきところを、同社は顧客全員に同じ戦略をいっせいにあてはめた。その結果、一般消費者の怒りを買うはめになった。思うに、ネットフリックスは次の点を理解すべきだった。顧客に移行の準備を整えてもらうことは、彼らに製品採用のプロセスを順当に進めてもらうのと同じである。すべての顧客が同じペースで移行の準備をしているわけではない。だから、まっ先に移行すべき顧客、次に移行すべき顧客、さらにその次に、という具合に順序を追うべきなのだ。

リード・ヘイスティングスは、全顧客に対していっせいに値上げを実施するのではなく、まず、DVDサービスに見切りをつけそうな顧客を選んでストリーミング・サービス利用の値引きをしていれば、その顧客層を新たなビジネスモデルに移行させられただろう。続いて、DVDサービスの「ライトユーザー」を対象に、いつでも好きなときに新作DVDを貸し出すサービスはやめるが、かわりに、月に一本、たとえば同料金で貸し出すサービスを提案できたはずだ。いつでもすぐに利用可能なサービスを望む人に対しては、価格を上げる。こうすれば、少なくともDVDの利用を減らすところまで、顧客層を移行させられるだろう。そして、こうした顧客層がストリーミング・サービスはそれほど悪くないと思いはじめたところを見計らって、最後に主流顧客を対象に大幅な値上げを実施すればいい。要するに、多くの顧客が準備を整える前に性急な移行を強いたせいで、ヘイスティングスは会社に戦略ミスを犯させてしまったのである。

②土壇場のロングパス

これは、決して陥りたくない状況だ。中核事業の市場シェアと利益が脅威にさらされ、現状では打開策もない状況で、どこに集中するかを急いで決めなければならないのだ。

ノキアの置かれた状況を想像してみよう。不況によって製品ラインへの需要は鈍り、いくつかの中核事業で損失をこうむり、新興成長市場への浸透は不十分、リーダーシップは不安定で、株価は急落している。おっと失礼、二〇一一年のノキアのことを言っているのではない。一九八〇年代末のノキアの話だ。当時、この追いつめられた企業はツキに見放されていたため、上層部はスウェーデンのライバル企業のエリクソンに自社を売り込むという屈辱的な手段をとったほどだったが、あえなく断られただけだった。

数年後、ノキアはめざましい方向転換を果たした。その改革活動に携わった重役チームの一員であるマッティ・アラフータは、私に向かってこう語った。「ご存じのとおり、当時、それは簡単なことでした。ほかに選択肢はなかったのです」。ノキアは生まれたばかりの電気通信事業に望みを託すことにした。コンピューター化と通信技術に投下済みの資産に加え、買収したかつての国有独占通信事業が頼みの綱だった。それ以外のものはすべて捨て去った。ゴム長靴、ケーブル製造、その他の工業事業、テレビ事業――切り捨て、切り捨て、また切り捨てた。これが、中核事業が崩壊寸前に陥ったときの本来の撤退の姿である。

だがもちろん、今日のノキアについても同じような物語が書けるかもしれない。ノキアは、私が長年にわたって調査し、協力し、見守ってきた企業だ。二〇〇〇年に同社と交流を始めた際、私は多くの人と同じく、大いに感服した。ノキアの成功は驚異そのもので、携帯電話の分野が伸びるのに伴い、しばらくのあいだ、めざましい成長を遂げていたのだ。だが、同社にかかわる時間が増えはじめると――はじめはノキア・ベンチャーズ・オーガニゼーション（NVO）の「選択」プログラムで、のちにはいくつかの経営プログラムで仕事をした——私は心配になってきた。すばらしい事例として長年支持していた（そのうえ調査も行ない、いくつかの学術論文に結果を発表した）同社の新規事業開発プロセスは、上級幹部の支持を失いつつあった。[10] 新任のCEOは数字重視の商品軽視だったため、結果として多くの有能な人材が失われてしまった。同社はインドや中国などで急成長を続けていたが、アメリカではさっぱりだった。長年にわたり、アメリカは戦略上の中核市場だと訴えていたにもかかわらずだ。

古株のノキア・ウォッチャーにして業界通のある人物の言葉を借りれば、「最大の問題は独りよがり」である。当時の多くのノキア幹部の仕草を完璧にまねていすにふんぞり返り、両手をしっかり組み合わせて彼は言った、「それどころか、彼らは自分たちの独りよがりな態度に対して現に独りよがりに陥っています」。私は吹き出した。

私がふたたび吹き出したのは、二〇〇一年に同社と仕事をしたときのことだ。私は同社エンジニアの一団とともに、フィンランドのオウルの凍てついたホテルにいた。新製品のiPodの話題になった。彼らの反応はきわめて尊大だった。「あれですか？」と彼らは言った。「時代遅れの技術でつくられたハードディスクがしゃれたケースに入っているだけですよ」。私は二〇〇六年頃に同社との縁を切ったのだが、このころには、経営判断についての新たな情報が耳に入ってくるたびに警鐘が鳴り響くようになっていた。

私は、二〇〇七年一月付のこんなメールを同僚から受け取ってがっかりした。この同僚はノキアをはじめ数多くの調査プロジェクトで働いてきた人物だ。

リタ

今日、ノキアで実に興味深い会議に出席しました。ニュー・ビジネス・グループの責任者には会えませんでした。彼は直前に町を出なければならなかったからですが、戦略部長には会うことができました。多くの人事異動（NVOのトップはもちろんCEOも）があったので、彼らは新たな事業構築を最初からやり直したのです。彼らは新規事業開発からすっかり離れ、NVOをいまや、収益と成長をもたらすべき自分たちの事業グループとみなしています。彼らは初期段階にある活動をほぼすべて捨て去り（たとえばイノベント・ラスト・オーガストの売却）、プロジェクトあるいは事業ラインと称するものを通じて異なる事業領域に参入しようとしています……私の見るところ、彼らは大失敗のお膳立てをしています。さらに悪いことに、多くの社員がそれに気づいています（戦略部長は、重要な地位にある一部の人々に万事が左右されてしまうと話してくれました）。

そう、親愛なる読者のみなさんはこの先の展開をすでにご存じだろう。のちに私はその同僚と電話で話し、教育目的ではノキアを模範的イノベーターとして扱わないと決めた。それが二〇〇七年のことだ。二〇一二年のいま、同社はふたたび重大な危機に瀕している。

ノキアがマイクロソフトのオフィス事業部から招いたスティーブン・エロップCEOは、一九八〇年代末の企業リーダーの例に漏れずこんな難題に直面していた。ノキアが次の成長軌道に乗るには何を投げ捨てるべきか？　私がはじめてエロップに会ったのは、彼がまだマイクロソフトに在籍し、一九〇億ドルを稼ぎ出す同社の中核事業、オフィスの販売権事業を運営しているときのことだ。彼の関心は、以下のような問題について視点を共有することにあった。戦略、成長、適切な事業規模、中核的フランチャイズから資源を解放して新たな分野に進出するにはどうすればいいか、いくつかの重要な領域で自分たちはどんな失敗を犯してきたか——要するに、そのソフトウェアの巨人がそれについて検討するのは非常に有益であると、私が考えていた多くの問題だ。

では、エロップがノキアで下した大きな撤退の決断とは何だったのか？　同社のオペレーティング・システム（ＯＳ）であるミーゴの開発をやめ、かわりにウィンドウズフォン7を採用するというものだ。これは重い決断だった。ミーゴは、アンドロイドやアップルのスマートフォンに対するノキアの答えだと広く語られていたし、ノキアを救うのに一役買うと考えられていたからである。エロップと最高開発責任者のカイ・オイスタモは、ミーゴについて調査を行ない、ミーゴ・プロジェクトに深くかかわっていた二〇人のスタッフにインタビューを実施した。そこから得られた結論は、悲しく、また啞然とするものだった。最善のペースで開発を進めても、二〇一四年までにミーゴで動く携帯電話を三機種しか発売できないと判明したのだ。ノキアの中核事業に迫っている危機に対処するには、あまりにも遅すぎる。[11]　エロップは開発中止を決断すると、運の尽きたＯＳ開発に携わってきた人材を、もっと未来志向のプロジェクトに振り向けるよう目的を再設定した。アップルのOSを使うなど論外だ。グーグルのアンドロイドと手を組めば、ノキアはリーダーシップを発揮できないだろう（それに、ノキアのナビゲーションソフトのナブテック部門と競合してしまう）。こうしてマイクロソフトが残った。アメリカのスマートフォン市場におけるマイクロソフトのシェアはきわめて小さかったものの、そのOSの評価は好ましいものだった。さらに重要なことに、マイクロソフトはさまざまな企業や物流パートナーと強固な提携関係を築いている。それを利用すれば、ノキアは長く渇望していたアメリカ市場で弾みをつけられる可能性もある。

この戦略は、現在では三つに分割されている。一つめは、マイクロソフトのソフトウェアを使って、自社ソフトを使った場合よりも早くスマートフォンの競争ゲームに復帰すること。二つめは、新興市場でノキアの存在を確立すること。そして中期的には、ビジネスウィーク誌の次のような記事が述べているとおりだ。

> エロップの三つめの優先課題は「新たな分裂」と名づけられている。それは、十分な支持を受けた最先端技術開発部門《スカンクワークス》のことだ。ヘルシンキとシリコンバレーにチームがあり、開発が中止されたシンビアンとミーゴ、特にミーゴの開発グループから、トップレベルのエンジニアが配置転換されている。この新たな取り組みが始まったのは、二〇〇九年、ノキアが創意あふれるオープンソースのエバンジェリストの一団を雇い、斬新なデバイスを考案するよう命じたときだった。数カ月後、彼らはシンビアンの後釜の開発という新たな任務を与えら

れた。二月二九日にベルリンで、エロップはその目標をあるエンジニア・グループに語っている。それはまたしても次のようなものだった。「アップル、アンドロイド、そして、われわれがいまのところマイクロソフトで間に合わせているあらゆるものを吹き飛ばし、取るに足らないものとする次なる目玉を見つけること——それがすべてだ。当たって砕けろのつもりでやってほしい。この先一二カ月、ノキアの最後尾を守ることなど気にしなくていい。私が手錠を外したのだ[12]」

果たしてうまくいくだろうか? 私にはわからない。企業がこうした形の撤退にとりかかるまでには、多くの失敗がありうるし、ノキアは長い時間を無駄にしてきた。だが、かつて同社が理解していたように、選択肢はほとんどなかったのだ。二〇一一年一〇月、マイクロソフトとの提携から生まれた最初のスマートフォンが発売されると、「ノキア、ゲームに戻る」という派手な見出しとともに批評家から称賛を得た。今後の展開を見守りたい。

③ガレージセール

独自の優位性をもたない事業が、依然として順調に成長していたり、キャッシュフローを生み出す力を備えていたりする一方で、親会社にとっては当たり前の経費構造や利幅は手にしていないというケースがある。製薬会社による特許期限切れの薬品の扱い方に、このジレンマが見てとれる。ジェネリック医薬品（後発医薬品）事業は、メルクやノバルティスといった企業には魅力がないかもしれないが、テバのように低コストを売りにする世界的なライバル企業にとってはこのうえなく魅力的だ。同様に、ベライゾンにとって電話帳事業はコモディティー地獄への道に思えたが、同事業が生み出す堅実なキャッシュフローに引かれた二つの未公開株式投資会社はそれに飛びついた。

ベライゾンは、長くCEOを務めるイワン・サイデンバーグの指揮のもと、積極的な戦略を推し進めた。固定電話のような成長の鈍いかつての中核事業から抜け出し、ワイヤレス通信やデータ・サービスといった、競争が激しくリスクも高いが成長の速い分野へ参入したのだ。コロンビア大学ビジネススクールの私の同僚ブルース・グリーンウォルドの後押しもあり、サイデンバーグは早くも二〇〇一年、既存の優位性の衰退に対処しはじめ、一兆ドル超の年間収益の三五%をワイヤレス通信から、二〇%をデータ・サービスから得られると見込んでいた。[13] 彼はまた、従来の通話収入が、契約総額の六〇%から約三五%に下がることも見越していた。それ以降、ベライゾンは電話帳のような成長の鈍い部門を（堅実なキャッシュフローを生む事業でさえ）切り離してきた。[14] そして、それらのスピンオフ事業が生んだキャッシュフローを使って光ファイバー・サービス技術などの新たな分野に多額の投資をしてきた。テレビやインターネット・サービスの提供で、ケーブル会社と渉り合うためだ。サイデンバーグは多くの会社ができないことをやってのけた。中核事業がまだかなりのキャッシュを生んでいるうちに、会社の未来のために果敢に投資したのである。

中核事業から手を引き、成長分野へ舵を切るという挑戦にあたってもっともやっかいな課題の一つは、それが正しい行動であると投資業界に納得してもらうことである。ベライゾンの株が長年低迷していたのは、資金をブロードバンドの提供につぎ込んでいたからだが、二〇〇七年以降、「ベライゾンのテレビへの大きな賭けが成功」といった見出しがメディアをにぎわすようになった。二〇〇九年はじめのベライゾンに関するバロンズ誌の記事はこんなふうに始まっている。「決して正常とは言えない時代には、いつもどおりの確かな成果をもたらし、成長の手段から目をそらさず、市場を上回るリターンが期待できる企業に投資するのがいい。ニューヨークに本拠を置く電気通信の巨人ベライゾン・コミュニケーションズは、その期待に申し分なく応えている(15)」

かつての中核事業から手を引くという大胆な措置への反応として、こうした支持の声はベライゾンにとって満足のいくものだったに違いない。

④処分特売

経営教育に携わる者にとって、一時的優位という現象に関してもっともいらだたしいことの一つは、実に興味深い戦略をとっている企業の好例を見つけるやいなや、その企業がむしばまれる優位性の犠牲になってしまうことだ。その後のお粗末な業績のせいで、当初の興味深いアイデアはすっかり信頼を失ってしまう。それが、メキシコのセメント・メーカーのセメックスに少しばかり感じることだ。私のみならず、多くの経営研究者が、その勇敢な地域企業に賛辞を送ってきた。セメックスは、イノベーション、デジタル技術の賢明な利用、積極的なＭ＆Ａ（企業の買収・合併）を通じてグローバル企業に成長し、いまでは世界第三位のセメント会社になっている。

あいにく、タイミングの悪いいくつかの買収と世界的な建築不況が相まって、セメックスは手痛い打撃をこうむってきた。二〇〇九年には倒産寸前に追い込まれ、二〇一一年には第3四半期だけで総額八億二一七〇万ドルの損失を出した[16]。中核事業が危機に陥ったため、セメックスはいわゆる非中核資産の大規模な処分を進めた。二〇一二年の末までに処分総額が一〇億ドルにも達したのは、負債を減らし、融資契約を守るためだった。ロレンツォ・ザンブラーノCEOは、親会社の傘下に残ることを望む事業部にこんな要求を突きつけてきた。一〇％の資本利益率を挙げよ、さもなくば売りに出すと。売却候補のリストには、採石場、ジョイントベンチャーが保有する資産、不動産、年末までに金利・税金・償却前利益を生まないその他の遊休資産などが並んでいる[17]。

前項で述べたもっと行き届いた資産処理とは違い、こうした処分特売はかなり強制的に行なわれることが多い。怒りに立ち上がった投資家やアナリストが、損失を食い止め、焦点を絞り、なぜマンネリを脱しなければならないか納得のいく物語を示せと経営陣に圧力をかけるからだ。私の友人で同僚のハリー・コリンがしばしば指摘してきたように、物言う投資家はときとして、経営陣に対してきわめて重要な一押しを加えることがある。こうして、経営陣はしぶしぶ苦渋の決断を下すのだ。

⑤脱出

商品が寿命を終えつつあるときでさえ、いまだにそれを頼りとする大切な支持者がいるものだ。その段階にある企業は、事業を適正な規模に縮小する一方で、取り残される顧客や関係者に妥当なサポートを提供する方法を見つけなければならない。彼らは価格をあまり気にせず、その商品をどうしても必要とするニッチな顧客である場合が多い。

非公開企業のGDCA（前：GDカリフォルニア）は、クライアント企業が古いテクノロジーを捨てる一方で重要な顧客との関係を断たずにすむよう支援することによって、製品の陳腐化から利益を引き出す魅力的な事例を示してくれる。

コンピューター機器（たとえば回路基板）の大手メーカーが、技術の進歩に応じて既存商品の生産終了を決断し、旧式の製造設備を処分して最新の機械を工場に入れると、その回路基板を自社製品に組み込んできた医療、軍事、工業用の精密機器メーカーは大きな問題に直面する。回路基板が変われば、自社製品の再設計が必要になるのだ。すると今度は、一連の手直しや、機器の動作確認も余儀なくされる。このようなケースでは、予想される需要に合わせて古い回路基板を買い取るというのが従来の解決策だった。しかし、既存商品の生産終了が頻繁に起こるようになると、この方法では費用がかかりすぎ、現実的ではない。

GDCAはこうした難局の解決を図った。普通では考えにくいことだが、旧式の回路基板を製造する事業に乗り出したのだ。廃番となる回路基板を自社製品に組み込んでいる顧客に、それを買いつづけられるよう保証するのである。

GDCAの「入手保証プログラム」の本質は、部品の旧式化と、結果として顧客が抱える問題に対応する保険契約である。回路基板のメーカーが製造中止を決めると、加入者はGDCAに連絡する。すると、GDCAはメーカーから自社の技術部に製造技術を移転し、予備の部品を蓄え、必要ならさらに基板をつくり、修理を行ない、やがて顧客が移行への準備を整えたら、プログラムを終える。二〇〇三年の時点で、加入料は一件につき一万五〇〇〇ドル、加えて回路基板ごとの年間メンテナンス料が三〇〇〇ドルかかる。[18] GDCAは、製造業に頼るだけでなく保険を提供するという革新的なビジネスモデルを生み出すことによって、終わりを迎えつつある分野から利益を得てきたのだ。

多くのテクノロジー企業がこの「適正規模への縮小」戦略をとっているが、往々にして、事業の終了と同時に貴重な技術力を失ってしまう。企業はこの問題に対処すべく、そうした技術力を生かしておくことだけに集中する特別な事業部門をつくることが多い。

例を挙げよう。通信機器メーカーのアバイアは、いわゆる「カスタム・エンジニアリング」部門を擁している。この部門は通常、技術力をしまい込んでいるが、顧客の抱える問題の解決にふたたびそれが必要になれば取り出すことができるし、顧客がもはやサポートを必要としないときには、捨ててしまうこともできる。アバイアの戦略担当責任者モハマド・アリは、同社が「いくつかの技術力を生かしておく」ために利用するメカニズムについて説明してくれた。顧客企業が一定のソリューションをいちはやく購入したあとで「それを終了し、顧客を見殺しにするわけにはいきません」。

彼は、同社が日本のシティバンク向けに開発した製品の例を挙げた。「シン・コール」なるそのソリューションを使うと、電話とビデオ映像を通じて、数百マイル離れた場所にいる顧客と窓口係がやりとりできるのだ。アリはこう語る。「たとえば、わが社がシン・コールの廃止を決めたとします。シティバンクを見捨てるのであれば、彼らがそのソリューションを気に入ることはないでしょう。そこで、わが社はそれをカスタム・エンジニアリング部門に移します。シティバンクが顧客であるかぎり、サポートを続けるのです」。カスタム・エンジニアリング部門はまた、アバイアが人員とノウハウを——当面の製品には必要ないとしても——利用しやすくする場ともなっている。

以上のことから、効率的な撤退のための二つの原則が明らかになる。①事業が終わったからといって重要な技術力を捨てないこと、②何かをやめるという自社の決定によって悪影響をこうむる利害関係者《ステークホルダー》を守るということだ。

⑥最後に残る者

撤退の一つの戦略は、斜陽業界の統合を促し、その主要サプライヤーとして生き残ることによって、市場の衰退を有効に利用することだ。ここでの戦略上の論理は、落ち目の事業では、求められる投資は比較的少なく、コストは減少し、生き残りをかけたライバル企業とにらみ合っていないかぎり、キャッシュフローは総量が減っていても潤沢な場合があるということだ。もちろん、この戦略が機能しても、事業に携わるすべてのプレーヤーが成功できるわけではない。一部の企業は退出を余儀なくされる。このプロセスを前進させるのは、きわめて効率的に業務を運営し、競合他社が脱落するところまでコストを削減する一社だ。余剰能力を減らすここでの方法は、みずからの力でそうすることだ。それには、他社の資産を買う、その生産設備を引き継ぐ、ジョイントベンチャーを設立して技能を手に入れる、あるいは、外注先のパートナー企業として活動するといったやり方がある。体力のある企業ならば、衰退する分野に積極的に投資し、競合他社がそこに残る魅力を大幅に削いでしまうという選択肢もある。ハンツマン・ケミカルのジョン・ハンツマン・シニアはこの戦略を用いて、さまざまな業界を見事に統合した。たとえば織物染色業界や、ファストフード・チェーン向け「クラムシェル」型プラスチック容器に使う化学製品の業界などだ。

もちろん、この手の戦略にリスクがないわけではない。というのも、競合他社の動向や、ある業界における将来の価格設定は予想が難しいからだ。これを見事に例証する興味深い事業セクターが、国際的な鉄鋼業だ。アルセロール・ミッタルのラクシュミー・ミッタルCEOを、度胸やビジョンに欠けていると言う人はいないだろう。「大胆さはすべてを変える」というモットーに従い、ミッタルはときには物議を醸す数十もの合併を進めてきた。ミッタルがはじめて世界の舞台で注目を浴びたのは、二〇〇六年、かなりの規模に成長していた彼のインド企業が、フランスの鉄鋼メーカーのアルセロールを手に入れようとしたときのことだ。フランス人はその申し出をはねつけたが（この取引の資金として提供された株は「モンキー・マネー」と呼ばれた）、ヨーロッパ人は概して、新興経済国の一企業がヨーロッパの偶像《アイコン》を買収するほどの力をふるえることに驚いた[19]。

ミッタルは勝った。とはいえアルセロールの買収は、国際的な鉄鋼事業の統合を進めるという、二〇年にわたる展望を実現するための里程標の一つにすぎなかった。最終目標は、コストくらいしか競争優位が残されていないこの業界のリーダーとなることだ。ミッタルにとってはあいにくなことに、数年におよぶ努力にもかかわらず、切望されていた費用対効果や統合の利益は生まれなかった。

二〇一〇年の夏、アルセロール・ミッタルは、ステンレス・スチール事業をスピンオフする予定だと発表した。こうした状況に、衰退するアリーナで先頭に立とうとすることの典型的な難しさが見てとれる。ある観察者（北欧を本拠とするアナリスト）はこう述べる。「人員が削減されればそのセクターから利益を得られたでしょうが、自分から辞める人はいません。私は何も起こらないという考えに傾いていきます」

こうしていまや、私たちは健全な撤退の原則を手にしている。第一に、予兆をしっかり確認する。往々にして、それらは定性的な先行指標であり、定量的な遅行指標ではない。第二に、数字の意味を認識する方法を編み出す。第三に、いったん決定がなされたら、自分が置かれている状況を判断し、もっとも筋の通った撤退戦略を設計する。

これまで見てきたように、従来の予算作成やプランニング・プロセスは、一時的優位性の世界ではあまり役立ちそうにない。ある事業から退出し、その撤退をうまく実行しようと決めたなら、予算の行き詰まりを打破し、資源をほかの場所に効果的に移す能力が必要になる。次章では、私の言う「手際のよい」組織が、優位性から優位性へと移動する際に俊敏性や柔軟性を増すために資源をどのように利用しているかをより深く検討したい。

注記——価値獲得的な撤退の見直し方についての議論は、『仮説指向型成長（*Discovery-Driven Growth*）』の第8章を参照のこと。

第4章

シナリオ3

資源配分を見直し、効率性を高める

一定の組織的活動を確立したければ、資源配分のプロセスがカギになるというのが、学術的研究の確固たる結論だ。[1]競争優位が一時的なものでしかない環境で成長すべく構築された企業の資源の扱い方は、既存の優位性を活用するために設計された企業のそれとは異なる。後者の場合、確かな実行力、規模、次々に場所を移るプロセスの繰り返しが大きな意味をもつ。より効率的な経営が可能となり、規模の利益が得られるからだ。したがって、資源はこうした目標を支えることに向けられる。この資源の流れを変えることは、痛みを伴うため容易ではない。それに対し、一時的優位を志向する企業は、私が「手際のよさ」と呼ぶもの――比較的容易にかつ迅速に、プロセスを再構成し、変化させる能力――を向上させるために資源を配分する。

一般的な企業では、資源配分は既存の有力事業によって決められ、前世代の競争優位を支配していた人々が力をもっている。そのため、新たなビジネスチャンスは、生き延びたところで既存の組織のなかに無理やり組み込まれることが多い。反対に、一時的優位性を志向する企業では、資源はいかなる事業部門からも独立したガバナンス（企業統治）機構によって管理され、さらに新たなビジネスチャンスにふさわしい組織が設けられる。

一般的な企業では、既存の資産から利益をできるかぎり搾り取るためにあらゆる手が尽くされる。一時的優位を志向する企業では、資産の競争力はその会計上の価値と一致しないことが周知徹底されており、もはや競争力を失った資産は土壇場を迎える前に処分策が講じられる。こうした企業では、正味現在価値（ＮＰＶ）から導かれた「残存価値」という概念とは異なり、企業が所有するものは「資産負債」――全資産の競争力を業界最高のレベルに維持するために必要な投

表4-1　戦略の新たなシナリオ——資源と組織

旧	新
資源は事業部門に人質にとられている	資源は中央の統治機構で管理される
ビジネスチャンスを既存の組織に押し込む	ビジネスチャンスを中心に組織をつくる
資産の寿命をできるだけ延ばそうとする	競争力を失った資産は先手を打って処分する
残存価値	資産負債
資本予算の考え方	リアルオプションの考え方：変動費用、柔軟な投資
投資集約的な戦略構想	倹約、倹約、倹約
所有がカギ	アクセスがカギ
自分でつくる	外部資源を活用する

資——であることが理解されている。

一般的な企業では、成長に向けた資源配分は資本予算のごとく扱われ、莫大な見返りを期待して巨大なブラックホールに投げ込むように投資が行なわれる。一方、一時的優位を志向する企業では、資源は極端に倹約され、ある事業構想が検証されてはじめて投資が行なわれる。

最後に、一般的な企業では資産を所有することがきわめて重要とみなされる。過去には資産の所有が参入障壁を生み出したからだ。一時的優位性をうまく管理できる企業は、現在では資産の所有ではなく資産へのアクセスのほうが、ある特定の方向にとらわれない柔軟性や拡張性をもたらすことを、また資産をすぐに利用できる能力が、実際に資産を所有する利点を失わせるケースが多いことを認識している。表4-1はこうした違いをまとめたものである。

抱え込まれる資源の問題

すでに指摘したように、一時的優位性の世界で何より重要な教訓は、ある特定の事業にとってよいことも、組織全体にとってはよくないかもしれないということだ。昔ながらの企業では、多くの資産を管理し、多くの部下をもつ人は社内の重要人物である。こうした考え方は、人事コンサルティング会社であるヘイグループの「ポイント割り当て」などのシステムによって強化された。そこでは、より大きな事業に携わるマネジャーに、より多くの報酬と権限が与えられる。実はつい最近、ある大手出版社の人材開発責任者と雑談したのだが、彼は従業員のこうした格付け法が、自社がもっと俊敏な競争者になるうえで唯一にして最大の障害だとみなしていた。「大きいことはよいことだ」というこの考え方は、一時的優位性の世界では命取りになる。資産や人員を既存の優位性から移動させれば、自分の権限、権力基盤、その他の報酬が損なわれると社員が感じているなら、彼らは現状維持のために死に物狂いで戦うに違いないのだ。

ソニーはわかりやすい教訓を提供してくれる。同社は携帯音楽プレーヤーでの支配的地位をアップルに明け渡し、プラズマやLEDといったディスプレー技術全般における主導権も他社に譲った。タッチスクリーン・コンピューターをはじめ、現在のもっとも刺激的な技術の多くで存在感を失っている。ある消息通がこんな話を聞かせてくれた。「ソニーは競争優位の罠にはまってしまいました。自社の技術を守りたがっているのです。(元CEOの)出井氏は顧客からなぜプラズマ・テレビや高精細テレビをつくらないのかとたずねられると、きまって、トリニトロンはもっと優れた技術だと答えたものです」。顧客が何が欲しいと言おうと、とにかく優れているのだ。実際、早くも二〇〇三年には、観測筋がソニーにおける「内戦」の危機を指摘していた。コンテンツ部門とハードウェア部門の目標の違いを調停する者がいなかったのだ。[2]

一時的な競争優位の世界で戦うための重大な条件は、個々の事業レベルで資源を配分するのをやめ、事業部門の責任者に支配されないよう資源を管理する統治プロセスをもつことだ。

インフォシスのサンジャイ・プロヒットを思い出してほしい。彼は、使いきれない資源を引き揚げてほしいと求められた——すばらしい！　力をもつ者から支配権を奪うのは必ずしも容易ではないが、組織の利益が個々の責任者の利益に取り込まれないためにも、絶対に必要な策だ。

ウォルターズ・クルワーを既存のビジネスモデルからデジタルを活用したモデルに移行させる際、ナンシー・マッキンストリーCEOは、資本配分プロセスの支配を重要な手段の一つとしていた。実際、そうした大規模な改革に取り組むCEOにどうアドバイスするかとたずねたところ、彼女はこう答えてくれた。「私のアドバイスは、資本配分に焦点を合わせるということです」

レガシー資産を整理し、効率を改善する

新たなビジネスチャンスを追求するために既存の組織を再編する必要があるのと同じく、そうした枠組みと結びついた資産をうまく扱う必要もある。多くの場合、既存の組織は自社のシステ

ムにとって依然として重要なものだが、もはや新たな成長機会を生み出さない。既存の事業活動は新たな好機を生まないから、ここでの合言葉は、こうした活動の運営からできるだけ多くの資源を引き揚げようというものだ。さらに、既存の事業活動は手際のよい組織をつくる妨げにもなるからだ。すでにコモディティー化している事業を支えるよう設計されたプロセスを維持する傾向がある。古い優位性のために利用される報奨制度、プロセス、時代遅れ《レガシー》のプログラム、組織、ネットワークといった要素の解体は、偶然に起こるものではなく、真のリーダーシップを必要とする。ＩＢＭの場合、ＯＳ／２のようなプロジェクトや既存のパソコン事業を中止することは、抱え込まれていた資源、時間、関心を解放し、新たなビジネスチャンスに集中する手段だった。

戦略的な警戒を怠っていれば、レガシー資産によって差別化要因がじわじわとむしばまれる可能性もある。これまでの研究で私は、企業が提供する製品、サービス、その他の売り物において、かつては刺激的で魅力的だった部分が、やがてありふれた価値のない特徴になってしまう事実について述べてきた(3)。つまり、顧客はすべての供給者に同じようなものを期待しているということだ。ここでのジレンマは、こうしたものへの賭け金が高すぎて割に合わないという点にある。それらを提供しなければ顧客の怒りを買うが、提供しても――しかも非常にうまく提供しても――競争力の強化にはまったくつながらない。ケーブル・サービスにおけるネットワークの信頼性、ホテルの清潔なベッド、必ずかかる自動車の点火装置、注文どおりの料理を出すレストラン、間違いのない請求書――こうしたことはすべて、簡単には実現できない。実現しなければならないが、利益を増やしたり、市場シェアを上げたりはしないため、スローガンは結局、コスト削減に徹することにならざるをえない。わくわくさせるものから価値のないものへの移行を避けるには、費用はかかるが価値のない特徴しか生まない資産の管理法を変えるしかない。

ここで、既存の資産から最後の最後まで生産性を引き出す不屈のエキスパートに登場願おう。一九九七年、スティーブ・ジョブズがアップルに復帰すると、製造、財務、管理部門に世界一級の業務遂行能力を植えつけるべくただちに行動し、世間を驚かせた。このときそれが起きた(4)。

差別化要因をもたない活動を安上がりに実行する方法はたくさんある。いろいろな場所で同じことが繰り返されないように、共有のサービス部門のもとで集中管理するのも一つの手だ。また、個別に設計された多様な仕事のやり方をサポートしつづけるのではなく、高度に標準化されたプロセスを新たにつくるという手もある。念のために言えば、問題となっている活動や事物は競争優位をもたらさないのだから、高度なカスタマイズを施す必要などない。にもかかわらず、業界ではそれが珍しくないのだ。職務引き継ぎの廃止、部分的な自動化、プロセスの一部をユーザー制作型にするといった簡素化は、コスト削減のさらなる源泉だ。もちろん、アウトソーシングも理にかなっているし、その業務が競争力の秘密の隠し味と無関係な場合はなおさらだ。たとえば、タイの通信会社であるCATテレコムとTOTは、たがいの3Gワイヤレス・ネットワークの統合を計画している(5)。ネットワークの運営はもはや競争優位をもたらさないのだから、価値のない売り物のコストを分担し、サービスベースで競い合ったらどうだろうというわけだ。巨大通信サービス・プロバイダーのエリクソンは、この考え方を応用している。顧客のためにネットワークを運営し、自社にとって差別化要因にならない技術を提供しているのだ。

先手を打って競争力のない資産を捨て去る

最終的に、ほとんどのレガシー資産を完全に捨て去る決断を下さねばならないときがくる。このプロセスを具体例で見てみよう。コンサルティング会社のアクセンチュアのＣＩＯ（最高情報責任者）フランク・モドゥルスンは、一〇年以上をかけて時代遅れの資産を組織的に置き換えた。モドゥルスンは革命児には見えない。穏やかで、話すことを慎重に考えてから口に出す思慮深い人物だ。その彼がアクセンチュアのＩＴ組織で主導した変革は、地味ながら革命的なものだった。彼も述べているように、たいていの組織に居座るレガシー・システムはまるで「コンクリートの靴」をはかされたように重くて身動きできないもので、一時的な競争優位に対応可能な手際のよい組織とは正反対の存在だ。

ほかの事業資産と同様に、情報システムも価値が下がる。時間とともに、結局は競争力を失ってしまう。問題は、こうしたシステムには非常に重要な企業情報がしまわれているため、システムの置き換えやアップグレードによって混乱が生じるおそれがあり、費用もかさむことだ。さらに、工場や設備のような物的資産とは異なり、ＩＴシステムが競争基準を満たさなくなった時点を見極めるのが難しいケースもある。結果として、ＩＴシステムは少しずつ修正や調整が加えられて、使いつづけられるのが普通だ。ＣＩＯは、システムの修正はともかく、交換に必要な資源は配分してもらえないことが多い。それでも短期的には危険に見えないが、レガシー・システムを稼働させつづければ、手際のよさを獲得するのに必要な組織の再構成にとって大きな障害となる。レガシー・システムは時代遅れの組織や業務を強化してしまうからだ。

私たちは目下のところコンピューター・システムについて語っているが、あらゆる種類のレガシー資産に同じ理屈があてはまる。

図4－1を見てほしい。これは一九六〇年代から現在にいたる情報技術の進化を年代ごとに示したものだ。一九六〇年代には、メインフレーム（大型汎用コンピューター）、つまり一社に一台ずつのコンピューター・プラットフォームがあり、接続されたネットワークは存在しなかった（情報の共有には磁気テープや磁気ディスクが使われた）。アセンブリやCOBOL（コボル）といったプログラミング言語が好まれた。データは仮想記憶アクセス方式のファイル（IBMのかつての標準的方式）に保存された。電話通信にはなんと交換台が使われていた。

長年のあいだに、こうした技術上の問題は、より新しく、より安価な、異なる方式によって徐々に解決されていった。たとえば今日では、PDA（携帯情報端末）やスマートフォンといった消費者向けの技術が、かつてメインフレームが担っていた多くの仕事を引き受けている。ほかの技術の変化にも同じ理屈があてはまる。一九八〇年以降、無線自動識別（RFID）、発光ダイオード（LED）や液晶（LCD）のライト、二四時間稼働のATM、DNA検査、磁気共鳴画像装置、心臓治療のステント、遺伝子組み換え食品、バイオ燃料など、あらゆるものがそれ以前の技術を超える便益を提供し、従来のソリューションを陳腐化してきたのだ。

しかしレガシー資産のアップグレードは高くつくので、多くの企業はそうした資産をできるだけ長く稼働させておきたいという強い誘惑にかられる。その結果、非効率で、改革が難しく、融通のきかない、技術の扱いにくい「つぎはぎ細工」ができあがってしまう。IT企業のCIOが、iPhone、統合コミュニケーション・ソリューション、クラウドコンピューティングを一体化する方法を見つけようと頭をひねる一方で、社内に最後に残ったCOBOLのプログラマーが退職し、システムの秘密をもち出したりしないよう祈るなどというケースも珍しくない。それはあたかも、第2章で取り上げた繊維メーカーのミリケンが、一九六〇年代の設備で今日の事業を運営しようとするようなものだ！

「つぎはぎに次ぐつぎはぎ」の結果は容易に予想がつく。組織は、維持費がかさみ、事業のニーズに対応しきれない複雑なITインフラを抱えたまま取り残されてしまう。技術は「可能にしてくれるもの」ではなく、「阻害するもの」になる。この考え方はITにおいて明らかだが、それ以外の資産にも同じようにあてはまる。

アクセンチュアの場合、モドゥルスンとウィリアム（ビル）・D・グリーンCEO（当時）は、卓越した組織をめざすなら、世界水準のITインフラが必要だと結論を下した。ところがその前にやっかいな課題があった。古いIT資産を先手を打って処分しなければならなかったのだ。

図4－2に、アクセンチュアが取り組み中の課題が示されている。一九六〇年代、七〇年代、八〇年代の技術がどのように処分され、同社がより新しい資産だけを配備することに集中しているかに注意してほしい。モドゥルスンが採用したプロジェクト推進スローガンは「二〇〇〇年以

図4-1　ITにおける技術管理体制の進化

	1960年代				2000年代以降
コンピューター・インフラストラクチャー	メインフレーム	ミニ・コンピューター	AS/400	パソコン	PDA
コンピューター・プラットフォーム	1社に1台	1店舗に1台	1フロアに1台	1人に1台	どこでも誰でも
ネットワーキング	磁気テープと磁気ディスク	配線による接続	個別の企業ネットワーク	LAN、インターネット	WAN、ワイヤレス
コンピューター言語	アセンブリとCOBOL	アセンブリとCOBOL	FORTRAN、PL、Pascal	Visual Basic(VB)、Perl、Java Script、C	ウェブ関連
データ	仮想記憶アクセス	情報管理システム	リレーショナル・データベース	ワールド・ワイド・ウェブ	クラウド
電話通信	ほとんどなし：交換台経由の電話	構内交換機	携帯電話の出現	携帯電話の急増	VoIP、社内ボイスメールの消滅

出典：Copyright ©2010 Accenture.

前に実施されたものはすべて放り出せ」だった。こう自問してみてほしい――自社の組織に配備されている資産、プロセス、技術に関する同じような図表をつくるとしたら、図4－1と図4－2のどちらに似ているだろうか？

アクセンチュアのITの旅は、二〇〇〇年に株式会社として一本立ちしたときから始まった。同社は二一〇〇ものアプリケーションを使っていた（そのうち六〇〇は国際業務用、一五〇〇は国内業務用）。その結果、同じデータを扱っているのにさまざまな見方がとられるようになってしまった。システムが違えば同じ情報でも違う見方が生じるからだ。このため、正確で時宜を得た意思決定が下せなくなっていた。

モドゥルスンは最近、先手を打ってレガシー資産を処分してきた成果について手短に語ってくれた。「現在では、六〇〇の国際用アプリは二四七に減り、一五〇〇の国内用アプリはわずか二四二に置き換えられています。アクセンチュアがいまだに運用しているもっとも古いアプリは、一九九九年から使っているものですが、これも二〇一二年にお払い箱になる予定です」

だが、先手を打ってレガシー資産を交換するこれらすべての行為は、競争上の差別化に本当につながるのだろうか？　間違いなくつながる。同社の従業員数は三倍以上に増えているにもかかわらず、ITに向けられる資産の割合は業界基準を下回るまでに減っているのだ。さらに、新しいシステムが昨日ではなく今日の戦略を支えるよう設計されているおかげで、組織の俊敏性を高めてきた。それは、手際のよさがもたらす莫大な利益なのである。

図4-2　過去を捨て去る

出典：Copyright ©2010 Accenture.

既得権を奪う——アクセンチュアのやり方

資源が事業部門の内部に抱え込まれていると、往々にして企業にとって命取りになることはすでに述べた。既得権者から支配権を奪い取る必要がある。

アクセンチュアでは、事業部門のCOO（最高執行責任者）とCEOで構成されるIT運営委員会を設置するという方法がとられた。モドゥルスンは基本原則を定め、各事業部門で最上位の役職者だけがその会議に出席できるようにした。あるとき、一人の副社長が出席できなくなり、代理を出してよいかとたずねたことがあった。モドゥルスンは答えた。「だめだ。だが、君の上司が来られるなら、それでもかまわない」。驚いたことに、その会議には副社長の上役が出席し、そこでの討議に上層部レベルの有益な視点を提供したのだ。モドゥルスンが説明してくれたとおり、運営委員会の権威が落ちれば、個別のニーズを満たそうとする事業部門の政略や要求に直面した際に委員会の統治能力が損なわれていたはずだ。

モドゥルスンにとってさらにやっかいだったのは、直属の上司が力を入れているいくつかのプロジェクトへの資金拠出が、IT運営委員会の会議で否決されたときだ。「何だって?」と上司は聞き返した。「私のプロジェクトが打ち切りラインを下回った? 予算を復活させる手立てはないのか?」「はい」とモドゥルスンは答えた。「配分する資金を増やせば、現在打ち切りラインを下回っている他のプロジェクトも、それを上回ってしまう可能性があります」。ところが最終的に、この件は予算増額で決着した。だが、彼の上司のプロジェクトのためだけではない——そのレベルに達している進行中のプロジェクトすべてが対象になったのだ。統治・調整システムの誠実な運営は、アクセンチュアの資源配分能力にとってきわめて重要だったのである。

「打ち切り」ルールは、ＩＴに特有のいくつかの設計原則によって運用されている。だが、この手の意思決定プロセスは、時代遅れになったあらゆる資産に応用できる。アクセンチュアの場合、統合、集中、標準化、アプリケーション数の削減、与えられたデータを一つの形にすることに価値が置かれていた。前章のインフォシスの例で見たように、事実を一つに定められれば、進行中の事態について、透明性や単純性を高め、折衝にかかる時間を大幅に短縮でき、職務の遂行がより簡単になる。モドゥルスンは言う。「われわれはもはや、退屈で時間ばかりかかる話し合いはしません。社全体に対して財務制度は一つだけです。時間と費用の管理システムも一つ。人事制度も一つです。最終的には二つの利点が生じます。運用すべきシステムが減るので、そのコストも減ります。さらに重要なのは、情報の質が向上することです」。ＩＴ部門にとっての大きなメリットは次の点にある。同社の全社員が中核情報にアクセスできるおかげで、各事業部門は必要な情報をＩＴスタッフに頼らずに扱えるようになり、それが生産性を向上させるとともに、ＩＴスタッフの負担を軽減するのだ。

この事例をある別の多国籍企業の経験とくらべてみよう。気まずいだけなので社名は伏せておく。その企業では、ＣＥＯが他社のＣＥＯと会議を開くときは必ず、社員が少なくとも四日を費やして、自社と相手企業に関するすべての情報を取りまとめる。その情報はさまざまなシステムやスプレッドシート、さらには関係者の頭のなかに隠れていた。モドゥルスンの話によると、アクセンチュアの場合、こうした仕事はほんの数分で片づく取るに足りない作業だという。では、競争優位が一時的なものにすぎない状況でアクセンチュアのような企業が得る利益と、他社が抱える同じくらいの損失について考えてみよう。

資産負債という考え方

モドゥルスンは「技術的負債」という言葉をつくった。その意味は、企業の競争力を支えるのに適した状態に技術を維持しておくには、継続的な投資だけでなく、古くなった資産を捨て去る意思が求められるということだ。私はこの概念をさらに拡張し、企業が所有するあらゆる資産に適用したいと思う。メンテナンスをしなければ、橋、道路やトンネル、その他の資産がやがて崩壊してしまうことは誰でも知っている。重要なのは、資産の競争力はその会計上の価値と異なる場合があるということだ（普通は競争力のほうが短命）。自社の年金基金やその他の債務と同じように、資産の再生に投資するため、資源を温存しておくことを債務と考えることもできる。だがこうした考え方は、従来のＮＰＶベースの論理を無視している。それによると、資産は有用寿命の末期になっても残存価値を有しているという。通常、そうしたことはない。むしろ、企業は古くなった資産を刷新するために不断の投資を考えておく必要があるのだ。

今日、アクセンチュアは自社の投資パターンを継続している。一〇カ年計画の後半に控えている主要プロジェクトは、アプリケーションの合理化、内部ネットワークの置換、データセンターの合理化や仮想化への投資などだ。たとえばネットワーク変換プログラムによって、コスト効率のよいテレビ会議ネットワークが構築された。おかげで、共同作業がはるかに容易になっただけでなく、コンサルタントの出張が減るという好ましい副次効果も得られたのである。

新しいビジネスチャンスには新しい組織

組織の手際のよさを向上させるには、予算をはじめとする経済資源の移行がカギになるのと同じくらい、組織内の権力構造を変えることも重要だ。第2章で、インフォシスのような組織がいかにして、成長潜在力を解き放つために先手を打って組織を再構成したかはすでに述べた。その際、既存の構造があまりに長く変わらないままだと、惰性が生まれ、結果として組織は見いだしたビジネスチャンスにうまく対応できなくなると論じた。アメリカの家電量販店ベストバイのブラッド・アンダースン前CEOは、二〇〇九年の世界経済フォーラムのあるセッションでこう語った。「組織には習慣があります。そして、ときには自社の存続を犠牲にしてまで、その習慣を守ろうとします」。そうした習慣を捨て去るには、構造的なソリューションが必要となることが多い。

ビジネスチャンスが見過ごされているようなら、それは構造が障害になりつつある明白な兆候だ。私はアメリカの化学会社デュポンの重要プロジェクトで、これを目の当たりにした。チャド・ホリデイ前CEOによれば、このプロジェクトは「われわれが知っていることに報酬を払ってもらう」ために構想されたもので『知識集約型成長プログラム』と呼ばれるようになる」とのことだった。(6) デュポンの伝統的なビジネスモデルは、製品を売るためにコンサルティングやアドバイスという形で自社の知識を提供するというものだった。ところが、ホリデイの考え方は違った。顧客のために生み出した価値に対して――その価値が製品ではなくサービスから生まれるとしても――報酬をもらうべきだというのだ。これは、二〇〇〇年の歴史を誇る同社の大転換だった。

当時、デュポンはいくつもの戦略的事業単位（SBU）に分かれており、各事業部門の責任者が自部門の資産、販売、マーケティングに責任を負っていた。「なるほど！」という瞬間が訪れたのは、同社のKIU（上級管理職やビジネスチーム向けの研修プログラム）担当部長のボブ・クーパーと、私たち数名の学術関係者からなるチームが特定の成長機会について分析したときのことだった。こうした成長機会の大半が、どのSBUの事業領域にも入っていなかった。SBUの責任者は、たがいに協力したり、新たなビジネスモデルを推進したりするインセンティブをほとんどもっていなかった。この問題を解決するため、デュポンは組織を大幅につくり直さねばならなかった。そこでひらめいた解決策が、いわゆる「成長プラットフォーム」の創設だった。各プラットフォームは、個別の事業内で資産や人員がどこに配置されているかにかかわらず、みずからが活動する特定の広範な領域を与えられた。エレン・クルマンは「安全・防護事業」のプラットフォームを任され、従来のSBUの枠にとらわれない、不慣れなビジネスモデルを推進する責任を負った。当初は恐る恐るだった。「私は長い時間をかけて、持ち場から外に出るよう人々を説得しました」。この変革のさなか、彼女はそう語ってくれた。成果は抜群だった。二〇〇四年から二〇〇八年にかけて、安全・防護部門は売上六四％増という記録的な売上増を達成した。おかげで、彼女はその歴史ある企業のCEOに就任することになったのである。(7)

起業家精神で資源を扱う

既存の大組織は、新たなアイデアに過剰な資金を投じてしまいがちだ。大した確信もないのに、まるで何が起こるかを正確に知っているかのように、そうしたアイデアを扱う。その残念な帰結の一つに、事態が計画どおりに進まないときでも事業の継続に頑なに固執してしまうことが挙げられる。埋没費用《サンクコスト》の精算はきわめて恐ろしいことに思えるためだ。それが今度は、痛みと費用を伴う失敗につながる。その例としては、イリジウム・プロジェクト（低軌道衛星を使って世界全体をカバーする移動通信事業）のような製品構想の大失敗から、悲惨な買収劇――たとえばAOLはソーシャル・ネットワーキング・サービスのBeboの買収で八億五〇〇〇万ドルを無駄にした――までがある。不確実な環境でのもっと効果的なアプローチは、不確実性が減少した場合に限って資源を投じることだ。これは、オプション推論の基本原則である。

起業家の率いる企業は、資源を潤沢にもっていないがゆえに、まさに無駄のない、けちけちした方法で事業を運営せざるをえない場合が多い。マクミランの言葉を借りれば「彼らは金を使う前に頭を使う」。結果として、柔軟性、少ない埋没費用、スピード、学習の加速といった形で手際のよさを獲得する。これは、例外的成長企業が事業にどう参入し、どう撤退するかを検討した際に論じた「オプション志向」と一致する。大組織における資源配分にとって重要な教訓を手にするには、起業家の率いる企業が資産や資源をどう活用しているかを調べてみるといい。格好の事例が、テラサイクルとアンダーアーマーの二社である。

テラサイクルは二〇〇一年に創業した。プリンストン大学の一年生だったトム・ザッキーとジョン・バイエルが、当時姿を現しつつあった有機製品市場における堆肥の役割に関心を抱いたことがきっかけだった。同社にまつわる噂によれば、実際の着想は、数人のカナダ人の友人が、マリファナの自家栽培用肥料としてアカミミズの糞を利用して成功したことから得られたという(8)。ザッキーとバイエルは、生ゴミをはじめとする生物分解性廃棄物をミミズの餌にし、それからミミズの排泄物(注目を集めるため、彼らはつねに「ミミズのうんち」と呼ぶ)を使って高品質な有機肥料を製造する事業を思いついた。事業計画コンペには勝てなかったものの、二人はどうにか事業をスタートさせた。

それは典型的な低予算での起業だった。二人は、プリンストン大学の食堂から、原料の生ゴミと空き瓶を集めた。学生が年度末に残していった家具類も手に入れた。事業への初期投資は変換装置に使った約二万ドルで、ベンチャー事業を支援する個人投資家のエンジェル・インベスターから補助的に出資を受けた。事業はニュージャージー州トレントンのさびれた地域でスタートした。当初、二人は環境保護意識の高い人向けのウェブサイトに働きかけた。有料広告を使うのではなく、ただで広報を行なうための驚くほど効果的な手法を生み出したのだ（現在、彼らはこの広報に約五二〇〇万ドルの価値があると計算しており、その一つがナショナル・ジオグラフィックのテレビ番組「生ゴミの大立者」だ）。やがて、テラサイクルは製造した有機肥料をウォルマートやホームデポのような大手小売りチェーンに販売するまでに成長した。二〇〇七年、すでに市場で地位を確立していた園芸用品メーカー最大手のスコッツ・ミラクル＝グロ（売上高一七億ドル）は、売上高一四〇万ドルのテラサイクルを脅威とみなし、そのちっぽけな企業を相手に一七三ページにおよぶ訴状で平手打ちをくらわした。[9] このダビデとゴリアテの闘いは、メディアを巻き込んだ大論争に発展し、一躍テラサイクルの名を高めることになった。結局、訴訟は和解によって決着したが、広報としては計り知れない価値を生んだのである。[10]

真のオプション志向の流儀に従い、テラサイクルは経営資源を流動的なままに維持している。ザッキーは自社の事業について書いた本のなかでこう述べている。「テラサイクルの発展の道筋を予測したり計画したりすることは不可能だっただろう。だからこそ、テラサイクルは現在の地位にたどりつくことになったのだ。秘訣は、ビジネスチャンスを探してつねに目配りを怠らないこと、そのチャンスにピンと来るものがあり、自社の基本理念と一致しているかぎり、十分に考える時間がなくてもすぐに飛びつけるよう準備を整えておくことだ[11]」。同社は環境に優しいグリーンビジネスの支援という幅広いテーマにこだわりつつも、肥料以外のさまざまなアリーナへと事業を広げてきた。今日、同社はいわゆるアップスケーリングに取り組んでいる。包装容器のような副製品から新たな最終製品をつくったり、大手ブランドのマーケティング部門に環境保護への取り組みを提案したりしているのだ。また世界進出の歩みを早めようと、ブラジルをはじめとする遠隔地にオフィスを設け、環境改善の分野で一〇億ドル企業になるという計画を立てている。

一時的優位に適応した企業では、資源を徹底して倹約しつづける行動規律が広く浸透している。肝心なのは、キャッシュフローが黒字になるだけの売上を確保できるまで、投資を最低限に抑えておくことだ。テラサイクルのトム・ザッキーの物語は一つの例だ。次節では、もう一つの例であるアンダーアーマーの物語を検討してみよう。

倹約、倹約、倹約

一九九〇年代はじめ、ケビン・プランクはメリーランド大学のアメリカンフットボール選手として活躍していた。情熱的で、アスリートらしい体格、売られた喧嘩は買うタイプだった。二〇一〇年に直接会ったとき、彼が選手仲間のジョーダン・リンドグレーンと共同で設立した衣料会社のアンダーアーマーは、毎年一〇億ドル近くを売り上げていた。その後は同業のナイキやアディダスとの熾烈な競争に直面しながらも自社の地位を守ってきた。二〇〇〇人超の従業員を抱え、着実な成長を維持している。同社は資源を倹約しつづけている際立った例である。

アンダーアーマーの当初の製品は、プランク自身のアスリートとしての経験から着想を得ている。当時、選手が着るTシャツはだいたい木綿製で、激しい運動のあいだに汗でべたべたになり、不快なうえに動きの邪魔にもなった。一方、彼がはいていたぴったりした合成繊維のコンプレッションズ・ショーツは乾いたままだった。そこで、合成繊維のショーツと同じように乾きが速くて、通気性がよく、着心地のよいTシャツを開発しようと思いたった。プランクは生地を発明したわけではなかったが、パフォーマンスを最大限に引き出すウェアという新たな分野を考え出した（生地については、すでに紹介した繊維メーカーのミリケンが多くを担当した）。

このスタートアップ企業は倹約の模範だった。プランクは一九九六年のほとんどをフォード・エクスプローラーの車内で過ごしながら、アメリカの大学スポーツの協議会、アトランティック・コースト・カンファレンスへの加盟校のロッカールームを訪ね歩いた。彼はみずから、選手、用具管理マネジャー、用具選びに影響力をもつその他の人々と時間をともにした。アメフト選手仲間としての信頼と、自社製品が優れている理由をわかりやすく説明する能力のおかげで、製品の違いを強くアピールできたばかりか、それを伝えるのも容易だった。「私たちはアスリートのパフォーマンスを向上させます」と同社のウェブサイトは宣言している。この主張は、プランクが最初に着想を得てから一貫して変わっていない。

プランクは、自社製品を愛用する大学アメフト選手をうまく使ってプロ選手にも支持者を拡げ、やがて、尊敬を集める華のある著名人を使って自社製品をポジショニングするようになった。彼は費用をかけずに耳目を集める能力を発揮した。たとえば、オリバー・ストーン監督の映画『エニイ・ギブン・サンデー』で、ジェイミー・フォックス演じる主人公のウィリー・ビーメンは、プランクがサンプルとして贈ったアンダーアーマーのサポーターを着用している。アンダーアーマーは自社を、高機能衣料分野における主導的・破壊的プレーヤーであると定義することに成功した。今日、同社は売上一〇億ドルを超える企業であり、状況の変化に気を配りながらも、その分野で確固たる地位を維持している。同社の製品デザイン部門のドアには、こんなスローガンが掲げられている。「私たちはまだ決定的製品を生み出していない」――優位性が一時的なものかもしれないことを強く意識している企業のシンボルだ。(12)

限られた予算によるミーム――ここは守る

二〇〇五年にファスト・カンパニー誌で報じられた物語

人手がまるで足りなかったため、〔プランク〕は少人数で多くの仕事をこなさなければならなかった。彼は、大学およびプロのアメフト選手を非正規のマーケティング担当者として数十人雇った。「これを試してほしい」プランクは彼らに言った。「もし気に入ったら、隣のロッカーの持ち主に一つプレゼントしてくれ」

二〇〇三年にはじめてのテレビ広告を制作するにあたり、アンダーアーマーの目標は三〇秒の放送時間よりも効果が長続きするスポット広告をつくることだったと、マーケティング担当ディレクターのスティーブ・バティスタは言う。そのコマーシャルで、かつてプランクのチームメートだったエリック・オグボーグを囲んで円陣《ハドル》を組むアメフト・チームと、ダラス・カウボーイズのディフェンシブ・エンドが映し出される。まるで命がかかっているかのようにオグボーグがこう叫ぶ。「ここは絶対に守るぞ！」

マーケティング担当者にとって夢のような反響があった——アスリート、コーチ、さらには企業経営者から、五万件を超える電話やメールが寄せられたのだ。消費者たちは、スポーツの試合ばかりか販売会議などで、このスローガンを叫んでいる自分たちのエピソードやテープを送ってきた。「ここは守る！」と書かれた横断幕が、全米フットボールリーグ（ＮＦＬ）のスタジアムに現れた。スポーツ専門チャンネルのＥＳＰＮで司会を務めるスチュアート・スコットやデビッド・レターマンもこの言葉を使った。それは「やるだけだ（Just do it)」のように、アンダーアーマー・ブランドのキャッチフレーズとなった。*

＊ C. Salter, "Protect This House," *Fast Company*, August 1, 2005.

注：ミームとは意味を伴う情報の塊のこと。

資産は所有せず、利用する

かつて、資産を集中させることは、参入障壁をつくりだすという恩恵を多くの企業にもたらした。競争力の獲得に莫大な投資が必要だった時代、新参者が強力なライバルにのしあがるのは容易ではなかった。いまでは多くの業界で、そうした状況が一変した。

たとえば、私が次のような課題を出すとしよう——フォーチュン500に入っている大企業と互角に競い合える組織を、みずから所有する資産にいっさい投資せずにつくりあげよ。三〇年前であれば、これは馬鹿馬鹿しい話だったに違いない。現在では、完全に実現可能だ。現代は、資産を丸ごと所有しなければならない世界ではなく、必要な資産の利用に対価を支払う世界へと次第に変わりつつある。

私の出した課題について考えてみよう。それを達成するにはどうすればいいか？　その手順は、現在ほとんどの組織がとっている経営手法よりも、映画をつくったり、政治運動を指揮したり、オリンピックを開催したりといった活動にずっと近いはずだ。イノサイトやストラテジンなどの革新的なコンサルティング企業と契約すれば、事業パラメーターや経営モデルの具体化に手を貸してもらえる。オーデスクのようなアウトソーシング企業に依頼すれば、プログラミングや技術的作業をやってもらえる。人間の手が必要だが簡単な仕事の場合、アマゾン・ドットコムの「メカニカル・ターク」というウェブ・サービスを利用して、タスク単位で料金を支払えばいい。アマゾンは大容量のコンピューティング能力も提供してくれるので、利用者はサーバーをいっさい構築しなくてすむ。特殊な専門知識が必要？　グル・ドットコムは、高い技能をもつ数百人の専門家を、利用者の求めに即応できるようネットワーク上に待機させている。イノセンティブは「解決者《ソルバーズ》」のネットワークにアクセスできるようにすることで、特定の技術的問題の解決を助けてくれる。リージャスに頼めば、使い勝手のいい、簡単に変更できるオフィス・スペースを用意してもらえる。従業員？　スキルズ・ハイブやアデコといった企業が注文に応じて熟練の人材を提供してくれるというのに、従業員を抱えることが本当に必要だろうか？　競争のペースが速まっているせいで、組織と資源の関係は、以前とは様変わりしているのだ。

　所有よりも利用のほうが一段と魅力的なのは、競争環境の変化に合わせて、組織構造や資産をすばやく調節できるからにほかならない。実際、ますます拡大する経済の領域で、ＣＥＯがまさにこれを実践しようとしている証拠が目につくようになっている。必要とされる資源は特定の任務や課題に取り組むために集められ、仕事が終われば、そうした組織は解体されて次の任務へと移る。アマゾンをはじめとする企業が提供するオンデマンドのコンピューティング能力、即座に安く利用できる「インスタント」工場、誰もが熟練の機械作業員や製造作業員になれる技術などが、今日では、所有ではなく利用するために用意されている。今後いっそう目立ってくるのは、組織の長期的利益に責任をもつ中核人材（リーダーや長期スタッフ）が、短期雇用者の仕事を指導するという形だろう。

　短期雇用のデータにもこうしたトレンドが読みとれる。雇用主は常勤雇用者よりも短期雇用者への依存度を高めている。これは、不況の単なる一要因とは思えない。ニューヨーク・タイムズ紙はアメリカ労働統計局のデータを引用し、三度の景気回復期に短期雇用者として新規採用された人の割合を比較している（表４－２）[13]。

　一時的あるいは「使い捨て」の組織形態は私たちのまわりに存在している。それにふさわしい戦略は、迅速な試作《ラピッド・プロトタイピング》、ビジネスチャンスへのすばやい投資、速やかな撤退準備といったものだ。

表4-2　短期雇用のトレンド

景気回復期	終身雇用者に対する新規短期雇用者の比率
1992－1993	11%
2003－2004	7%
2009－2010	26%

小売業の場合、期間限定で営業するポップアップ店舗なら、長期の賃借契約を結ばずに間に合わせで店を出し、製品のコンセプトを試すことができる。製造業でさえ、かつては鋳造技術、精密機器、装置の鋳型をつくるための長い経験などを必要とした工程が、いまではデジタルファイルを利用してすばやく進められる。オンデマンド製造に対応するありとあらゆる企業のおかげで、固定工場も固定設備も必要とせずに、新製品を試作してテストすることができる。スレッドレスという通販サイトのTシャツ、ニュージーランドを本拠とするポノコの製品、ルル・ドットコムを使った自費出版本、スプレッド・シャツでデザインを製品化したファッションなどはすべて、固定資産や多額の先行投資なしで少量の商品をつくれるようにするものだ。こうしたビジネスモデルでは、消費者が実際に商品を購入するまで製造費用の支払いが発生しない場合が多いので、当初から採算性を見込める。

さらに、モジュール化したり海外へもち出したりできる膨大な量の仕事が、まさにこうした方法で処理されている。X線写真の判読から法律文書のチェックにいたるあらゆる仕事が、より低コストな地域へと流れつつある。こうした業務の遂行に必要な人的資本を、企業が捨て去ろうとしているためである。もちろん、コールセンターの運営、コンピューターネットワークの管理、組織にとって非中核的な業務などをアウトソーシングすることは、すでに確立されたトレンドになっている。

重要なのは、資産を所有しなくても、その便益を享受できる点だ。別の言い方をすれば、ビジネスのエコシステムをすべて自前で整えるのではなく、できるかぎり外部資源を活用するということだ。だが、未解決の憂慮すべき課題がある。柔軟性の向上のおかげで組織は一時的優位に対処しやすくなったが、それが引き起こすある問題に取り組むための人間的な方法を、私たちはまだ見つけていない。要するに、不安定な雇用という重荷に耐える訓練をまったく受けていない人々は、こうした社会にどうやって適応すればいいのだろうか。

オンデマンド雇用は未来の働き方か?

スキルズ・ハイブの創業者であるマイク・オーチャードが、このテーマについて書いた私のブログへ以下のようなコメントを寄せてくれた。

私は昨年イギリスで、www.Skills-Hive.comを立ち上げました。より多くの人や企業が、新たに現れつつある雇用モデルの可能性を理解する一助になればとの思いからです。現在多くの人たちが唯一の雇用主に信頼を置き、自分の身を守っていることは認めますが、その一方で、リスクを分散し、年金や医療に関する決定をみずから下したいと熱望する人がますます増えています。その利点は雇用主だけのものではありません。すべての当事者が、状況をコントロールする力や俊敏性を高めるのです。これは、変化の激しい世界で成功を収める重要なカギとなります……私個人としては、イギリスの若き起業家ブラッド・バートンの的を射た言葉に同意せざるをえません……「就職することは、事業を営むのと同じようなものだ。ただし、顧客は一人しかいない――でも、顧客が一人なんて、そんな馬鹿なことってあるかい?!」

私はまた、ギア・ストリームの経営幹部の一人、ブラッド・マーフィーの意見を聞いた。同社はハイエンドの技術の設計・開発に携わる企業だ。彼は次のように書いている。

仕事の本質は変化しつつあります。多くの人々は「仕事」という概念が、産業革命のあいだに確立された主人／奴隷モデルの遺物であり、比較的最近になって現れたものであることを忘れています。それは未来の働き方ではありません（ありがたいことです）。私たちが現在世界的規模で巻き込まれているこの変化は、終わるまでにまだ五〇年はかかりそうです。しかし、その先には、実にわくわくするいくつかの経済的成果があります。それまでのあいだに、勇敢な予言者たちが道を拓いてくれるでしょう。私の願いは、わが社がより輝かしい未来を築く企業の一つになることです。それには、尊敬の念を忘れず、すべてのステークホルダー――個人、企業のオーナー／株主、環境――にとって持続可能な新たなビジネスモデルを生み出す必要があります。

とはいえ、こうした楽観的な見方にもかかわらず、オンデマンド雇用という考え方は多くの従業員にとって大問題であることは明らかだ。雇用主が柔軟性を手にする代償として、従業員の身分はきわめて不安定になる。小売業のような分野では大きな変化が生じるとニューヨーク・タイムズ紙は報じている。

「過去二〇年のあいだに、業界全体で多くの大手小売企業が、フルタイム従業員が七〇～八〇%を占めていたところから、少なくとも七〇%がパートタイマーという状態へ移行した」。そう語るのは小売コンサルティング企業のストラテジック・リソース・グループ社長バート・P・フリッキンジャー三世だ。被雇用者への影響は、予測できない勤務時間、希望に満たない労働時間、福利厚生や長期展望の喪失だ。これでは、安定した家庭生活を維持し、自分の時間について計画を立てることがきわめて難しくなってしまう。*

*S. Greenhouse, "A Part Time Life as Hours Shrink and Shift," *New York Times*, October 27, 2012.

外部資源を活用する

企業はときとして、急成長のために必要な重要資源をほかの組織の力を得て手に入れることができる。すでに、P&Gの「コネクト・アンド・ディベロップメント」戦略でこの事例を紹介した。P&Gは、革新的なアイデアをしばしば自社より小さな企業から入手し、自社の影響力と規模を利用してそれを練り上げ、すばやく市場に投入する。コンサルティング企業のアクセンチュアも、多くの一流テクノロジー企業や革新的企業と提携している。経営評価に関するみずからの専門知識やスキルを活かし、アクセンチュアはめざましい成長を遂げてきた。同社はまた、社外のさまざまな能力を構築することにも成功してきた。

さらにすばらしい成功物語の一つが、二〇〇〇年にアクセンチュアがマイクロソフトとともに立ち上げたジョイントベンチャーのアバナードだ。技術サービス企業としては異例のことだが、アバナードはマイクロソフトの技術に基づくサービスに焦点を合わせて設立された。このジョイントベンチャーは二〇〇〇年に発足すると、翌年には一〇カ国で事業を展開していた——真の世界的新興企業である。当時すでに一二〇社の大型ターゲット顧客と契約し、一五〇件のプロジェクトを提供していた。二〇一〇年には、一万一〇〇〇人の社員を擁するまでになった。一〇年間で、同社は数百社の顧客企業を相手に数千件のプロジェクトを完成し、一〇億ドルを売り上げた。

企業が資産への投資を決める場合、状況の変化に応じて資産を解体・再構築できることがはるかに重視されているケースがよく見られる。これが意味するのは、特定のビジネスチャンスのために資産構成を最適化するよりも、柔軟に転用できる資産が好まれやすいということだ。また、あとで撤退の障害になりかねない資産に縛られないよう注意することも大切である。そうした障害の一つとして、固定資産への再投資を企業に強いる要因がある。たとえば、他企業との広範な提携と相互依存、大規模な垂直統合、多数のステークホルダー（労働組合や政府など）へのコミットメント、事業規制の明文化、顧客需要による潜在リスク（たとえば洪水保険やＡＴＭ）などだ。概して、一時的優位性の環境では、柔軟性を生み出すために、最適化はある程度あきらめたほうがいい。

本章の目的は次のことを示す点にあった。資源配分のプロセスを支配することが、一時的優位を有効に活用できる手際のよい組織をつくるカギなのだ、と。消滅しつつある優位性から資源を引き揚げたら、今度は新たな優位性を生み出すためにそれを活用する番だ。それが、次章で取り上げるイノベーション・プロセスの課題である。

第5章

シナリオ4

イノベーションに習熟する

あまりにも多くの企業で、イノベーションのライフサイクルは、トマス・ホッブズの描く人間社会の絶望的な状況に似ている。すなわち「危険で、残酷で、短い」のだ。根本的問題は、優位性の活用を追求する人々が牛耳る世界では、イノベーション・プロセスはせいぜい軽い気晴らし、最悪の場合は深刻な脅威だととらえられる点にある。イノベーション・プロセスが破綻していれば、組織はみずからの競争力を保つのに間違いなく苦労する。イノベーション・プロセスが破綻していようと、競合他社に追いつかれてしまうからだ。多くの企業（ノキア、ＩＢＭ、Ｐ＆Ｇなど）の歴史を特徴づける、成功、衰退、縮小、瀕死、絶望、社運を賭けた取り組み、復活というサイクルを避ける方法をつねに考えなければならない。

品質管理や安全管理といった組織にとって重要なプロセスと同じく、イノベーションは管理可能なプロセスである。しかし、何らかの理由でもっと革新的《イノベーティブ》になろうと決意すると、人々は何が役立ち、何が役立たないかを学ぶことなく、場当たり的に前進してしまう。したがって、革新を起こしたいという衝動にかられてイノベーション・プロセスをむやみに組み立てる前に、まずはそれを理解する必要がある。

幸いにも、イノベーションに欠かせない要素をよりよく知るための多くの方法がある。それをただちに実行すれば、犯しがちな過ちを避けられる(1)。

次に、断続的なイノベーションは日常茶飯事だが、何もしないより悪いということを肝に銘じておくべきだ(2)。その手のイノベーション・プロジェクトは有能な人材に、自身のキャリアを賭ける価値などないというシグナルを送り、資源を浪費してしまう。

表5-1　戦略の新たなシナリオ――イノベーションに習熟する

旧	新
イノベーションは断続的	イノベーションは継続的で体系的なプロセス
統治と予算作成は企業全体で同じ手法で行なわれる	イノベーションの統治と予算作成は通常の事業とは別に行なわれる
資源はおおむね優位性の活用に使われる	中核事業を支え、新たなプラットフォームを確立し、さまざまなオプションに投資する事業構想からなる、バランスのとれたポートフォリオ
従業員は日常業務のかたわらイノベーションに取り組む	イノベーション活動だけに使われる資源をもつ
仮説の検証に失敗：比較的少ない学習	仮説は継続的に検証される：学習したことが経営上の主要な意思決定に反映される
失敗は避けられ、議論の対象にもならない	知的な失敗は奨励される
計画志向	実験志向
商品から始まり、それを新たな分野に広げるためにイノベーションを起こす	顧客から始まり、顧客の課題の解決のためにイノベーションを起こす

それゆえに、イノベーション・プロセスをきちんと実行したければ、それは継続的、漸進的、体系的なものでなければならない。イノベーションのための通常予算をとる。有能な人材にはイノベーションのキャリアを積ませ、イノベーションと中核事業支援のバランスがとれた事業ポートフォリオを積極的に運営すべきだ。

そして、自社の重要な活動を支える組織プロセスに、イノベーションを組み込むべきである（表5－1）。

イノベーションに習熟しているとはどういうことか

第2章で、例外的成長企業について見た。例外的成長企業とは、一時的優位性の波の全体に対処するスキルをうまく生み出した並外れた企業である。こうした企業は、利用しつくされた事業を脱して新たなビジネスチャンスに参入することで事業を再構成・再構築する方法を身につけ、結果として、安定性とダイナミズムを両立してきたことがわかる。

研究を進めるなかで明らかになったのは、こうした企業は、イノベーション・システムの各局面を管理する能力を高めてきたということだ。もちろん、そのやり方は企業によって多少異なるが、核となる要素はすべてに共通する。そうした要素には、ガバナンスシステムのほか、アイデア形成、発見と仮説の検証、市場の検証と育成、新規事業の商業化と既存事業への組み込みといった活動を支援するシステムが挙げられる。

全体的な枠組みと役割

多くの場合、革新的になろうとする努力がはじめから失敗する運命にあるのは、イノベーションを起こす明確で全体的な枠組みがないからだ。役割ははっきりせず、ガバナンスと資金調達のモデルは未確定、推進派の具体的活動も曖昧なまま、などなど。イノベーション・スキルをもつ企業では、こうした問題が成り行き任せにされることはない。組織がスキルを高めるには、イノベーションに適した（また通常は中核事業の立案・予算策定プロセスから独立した）統治機構、イノベーションに向けられる資源の管理法、イノベーションがより大きなポートフォリオにどう収まるかについての総合的判断、事態の進展段階における新規構想への視線などが必要となる。

例外的成長企業のコグニザントには「管理されたイノベーション・フレームワーク」と呼ばれる全体的な枠組みがあり、イノベーションを起こすにあたって欠かせない多種多様な役割が詳しく規定されている。イノベーションに対してトップダウンとボトムアップの両方から働きかけるが、誰が何をやるかは明確になっている。ウェブサイトで述べられているように、同社のビジョンと実行要件は上層部によって舵取りされている。これには、戦略の策定、望ましいイノベーションの特定、資源の供給が含まれる。組織内のいわゆる中間層は新規構想をもち、それを前進させる。たとえば、新たな活動と既存の活動をどう連動させるかを考え出す、連合や同盟を生み出す政治活動に取り組む、望ましい構想への適切な資源配分を確保するといったことだ。具体的なレベルでは、起業家的チームが、新たな商取引を創出して市場へ送り出す役割を担う。

コグニザントは、このフレームワークに大量の技術をつぎ込んで支援している。アイデアの追跡と伝達には、「イノベーション・マネジメント・システム」というソフトウェアが用いられ、これが知識管理システム「コグニザント2・0」にリンクしている。要するに、イノベーションが社内のほかの重要課題から切り離されて扱われることはなく、むしろ、進行中のほかの活動と有機的に結びつけられているのだ。

同様に、インドラ・システマスは「開発、適応、サービスのインドラ方式」（スペイン語略称でMIDAS）と呼ばれるシステムをもっている。MIDASによって、新規プロジェクトは社内の管理プロセスに統合される。

例外的成長企業のなかでももっとも組織的で形式ばったイノベーション管理システムを備えているのは、ACSグループの環境事業部門である。ACSは、研究、開発、イノベーション・プロジェクトを意味する「R&D＋i」という戦略計画を練る。そして、優先事項と資金調達を設定する過程で年一、二回、計画を見直す。同社の管理システムはスペイン国家規格（UNE）で実際に認証されており、独立した第三者によって監査されている。二〇一一年一二月三一日付のACSの報告書によれば、二八件のR&Dプロジェクトが進行中で、そこには五六二万ユーロが投じられたという。

アイデア形成

イノベーションの努力を向けるべき有望なアイデアがあるとしよう。そのアイデア実現への道筋を見つけること——それがアイデア形成プロセスの目標である。たとえば、トレンドを分析する、イノベーションと企業戦略を結びつける、潜在的な市場機会を精査する、最終的に、参入したいアリーナを特定するといったことだ。有効なイノベーションは、集中すべき場所を特定することから始まる。不幸にして、多くの企業、とりわけ「さまざまな意見を歓迎する」という考え方を受け入れてきた企業の場合、どのアイデアに狙いを定めるべきかがはっきりしていない。

グーグル（また、歴史的に見ると3M）のような企業は、制限も指導もなしに、社員に自分のやりたいことに取り組む時間を与えることで、この考え方を現実のものとしている。誰もがイノベーターになる可能性を秘めており、「馬鹿げたアイデアなど存在しない」というのだ。こうした善意の努力は通常、経営幹部レベルの熱心な旗振りのもと開始される。社員は、本業ではないが興味をそそられることの追求にいくらかの時間を割くように命じられる。全社員にイノベーターになる方法を教えるために、トレーナーが配置される。「イノベーション・ブートキャンプ」なるものまである。こうしたしくみは功を奏している——アイデアがいたるところから湧き出してくるのだ。とはいえ残念ながら、使いものにならないアイデアもある。ほとんどのアイデアは、投資に値するほど大きなビジネスチャンスに結びつくことはなく、中途半端で実行不可能なものだ。コンサルティング会社ストラテジンのトニー・アルウィックが指摘するように、往々にして、そうしたアイデアは顧客成果につながらない。戦略に合致しないアイデアもあれば、サプライチェーンのパートナーや重要なベンダーを怒らせるようなアイデアもある。終着点のないアイデアもある。結局、その努力が実を結ぶことはなく、当初の構想に心躍らせていた人々は落胆したり冷笑的になったりして、学んだ内容は雲散霧消することになる。

これは無限の猿という古いジョークによく似た話だ——部屋いっぱいのタイプライターの前に十分な数の猿を座らせれば、猿たちはいずれ『戦争と平和』を書きあげるだろう。難点は、猿を無限に連れて来られるだけの資金や時間は誰にもないことだ。急速に変化する競争市場では、非効率なイノベーション・プロセスは破滅の原因になりかねない。

企業は、あるアプローチにはるかに大きな力を見いだしてきた。「解決すべき課題」という視点[3]、「チャレンジ主導型イノベーション」[4]、「ニーズ主導型イノベーション」[5]といったさまざまな呼称をもつこのアプローチでは、私の同僚のスコット・アンソニーが主張するように、顧客のニーズが「成長工場」へのインプットである。[6]核となる考え方は以下のとおりである。イノベーションの出発点は、顧客がどんな結果を心から求めているのかを解明し、自分の組織がその要求を満たすにはどうすればいいかを検討することである。違いに注意してほしい。アイデア先行型アプローチでは、往々にして直感的な思考によってイノベーション・プロジェクトが生み出されるのに対し、「解決すべき課題」という視点は顧客が実現したいと願いながらできない課題を出発点にするのだ。言うまでもなく、顧客は自分のニーズがいかにして満たされるかが示されるまで、自分のニーズをはっきり表現できないことはよく知られている。

例外的成長企業は、自社の戦略にふさわしいアイデアの種類を明確にしている。たとえばインフォシスは、どんなタイプのクライアントの依頼を引き受け、どんなタイプを引き受けないかをはっきり決めている。高成長業界セグメントとそこに属する「基準となる」クライアントに注力している。同社はリピート顧客が九七％を超えており、「顧客の成長あってこそ自社の成長もある」という哲学をもっていると、クリス・ゴパラクリシュナンは言う。また、労働コストの裁定取引で簡単に利益を得ることをやめ、クライアントに対して有意義な付加価値をもたらさない仕事は（そういう仕事が大量にあるとしても）追いかけない。

さらに同社は、これらの特徴をもとに社員のインセンティブ構造を整えている。戦略担当責任者のサンジャイ・プロヒットは「マイクロ・セグメンティング」と呼び、次のように説明する。

「目標は、自部門の成長率を改善し、全社売上に対する比率で見た重要性を高めることです。マイクロ・セグメンティングによって……企業は価値創造のために必要な行動を事業横断的に促し、より多くの顧客にとって意味のある存在となるのです」。顧客にとっての最優先事項の見極めが第一であることに注意してほしい。プロヒットの言う第二の「軸」は、製品とサービスの品ぞろえにある。インフォシスは毎年、大きく成長するには三年かかることをはっきり理解したうえで、一連の新たな売り物を考案し、提示する。たとえば同社は最近、将来の成長の原動力となることを念頭に、三つの新たな構想を公表した――持続可能性、顧客機動性、クラウドである。

ＡＣＳグループの環境事業が追求しようとしている広範なテーマは、廃棄物から引き出せるエネルギーを最大限まで利用すること、産業廃棄物の投棄を最小限にすること、大気中に放出される排気ガスや悪臭を減らすことだ。クルカはイノベーションを活用し、特許期限切れ医薬品のポートフォリオに価値を加えようとしている。陳腐なジェネリック医薬品メーカーをめざすのではなく、原料以上の価値を患者に提供しようとしているのだ。

アイデア形成プロセスは一度限りで終わるものではなく、有望なアイデア実現への道筋を満たす継続的プロセスでなければならない。『アントレプレナーの戦略思考技術』で、私たちはビジネスチャンスの在庫目録という概念を提示したが、それは今でも考慮に値する考えである。[7]

仮説――コンセプトと詳細な計画

アイデアの種を手に入れたら、イノベーションに習熟するための次なる段階は仮説プロセスである。この過程でコンセプトが具体化され、細部の計画が立てられる。顧客の特定のニーズが解明され、アリーナはその規模で分けられて魅力を査定され、さまざまなビジネスモデルが評価され、事業のおおまかな骨組みが決まる。詳細な計画をまとめる際には、仮説が明確にされて検証され、正式な事業計画と営業上のロジスティクスが整備され、重要なチェックポイントが設定される。ここでの目標は、できるだけ迅速かつ安価に仮説を確かな知識へと転換することだ。私の以前の共著『仮説指向型成長』で、このプロセスについて詳しく説明している(8)。

コグニザントのイノベーション・プロセスを検討すれば、同社がテクノロジーをどのように活用して、仮説プロセスを効果的に進めてきたかがわかる。アイデア管理システムをつくり、アイデアやイノベーションの進展を追跡し、イノベーション・チームに役立つ知識をもつ人々を結びつけ、仮説を検証し、アイデアに磨きをかけるとともに、「イノベーション・スコアカード」を使ってつねに評価と監視を促すのである。

ファクトセットの場合、仮説プロセスは会社のDNAに埋め込まれている。創業者のハワード・ウィレとチャールズ・スナイダーは、一九七八年にウォール・ストリートを離れた。二人がのちに語っているように「コンピューターを使って財務情報を配信する企業というアイデアを試す」ためだった。それから三一年、同社は途切れることなく収益を増やしてきた。ウェブサイトに掲載されている事例研究を見れば、顧客と緊密に連携しながら、仮説の検証と詳細な計画策定を行なうことによって、同社がどのように新たな売り物を開発しているかがわかる。

育成——市場における実験と検証、ビジネスモデルの実行

イノベーションの育成プロセスを通じて、実際の事業のあるべき姿が学習される。この段階では、テストケースやプロトタイプが開発され、市場テストが実施され、膨大な数の仮説が検証される。初期の顧客と提携者が参画し、専門チームがそのプロジェクトのためだけに活動する。プロジェクトはまだ不安定で脆弱だが、プロトタイプが市場で通用する売り物に近づくにつれ、プロジェクトは実体をもちはじめる。

あまりにも多くの企業が、製品やサービスが最終的にどう見えるかという貴重な学習をなおざりにして、このプロセスを拙速にすませてしまう。もう一つの罠は、生まれたばかりの事業に、企業の利益や成長を性急に担わせようとすることだ。クレイトン・クリステンセンはこの点を実にうまく述べている。「商品開発の段階では『利益には貪欲に、だが成長には辛抱強く』なる必要がある」[9]。この時点での売り物は、市場で猛攻撃をしかけるだけの準備が整っていない。新しい物好き《アーリーアダプター》の顧客なら避けがたい欠陥も大目に見てくれるかもしれないが、最終的な大衆市場や主流となる顧客はそうはいかない。もっとも好ましい初期の市場は、現実に大きなニーズや問題を抱えている顧客たちだ。彼らは自分たちの課題を解決してくれる取り組みには喜んで金を払ってくれる。農村での銀行業務へ乗り出したＨＤＦＣ銀行は格好の例である。

ＨＤＦＣ銀行は、新たな事業構想に大々的に乗り出す前に、その構想を慎重に試行してみるという長い伝統をもっている。金融サービスから排除されていた田舎のインド人が銀行を利用できるようにするため、先ごろボーダフォンと結んだ提携からもそれは明らかだ。同行はまず、問題

点を理解することから始めた。その問題点とは、インドの多くの農村地帯で銀行のインフラがまったく存在しないこと、さらに交通機関や電気といったその他のインフラも十分に整備されていないことだ。ある地方紙はこう述べている。「ジャルス村の農民は、現金の預入や引出といった簡単な取引のために数キロ離れた銀行の支店に行くと、丸一日の稼ぎを失ってしまう[10]」

ＨＤＦＣとボーダフォンはこの孤立した農村で、あるシステムを試した。ＨＤＦＣ銀行がボーダフォンの優良な販売業者を自行の副代理人とし、ボーダフォンの販売代理店を通じて現金を送ったり引き出したりできるようにするのだ。ＨＤＦＣ銀行モバイル口座のおかげで、農民は現金を預けられるようになる。その現金は後日引き出すことも、他人に送金することもできる。送金先の相手は、ボーダフォンの販売代理店へ出向き現金を受け取れる。このサービスは、郵便局を経由する為替のような一般的な代替手段よりはるかに安上がりだ。ＨＤＦＣ銀行とボーダフォンの上層部は、ジャルス村でこのサービスを試したあと、農村の住民を金融システムに受け入れるという保護的な理念のもと、インド準備銀行副総裁Ｋ・Ｃ・チャクラバティと共同でこのサービスをインド全土に展開すると発表した。ＨＤＦＣ銀行は地方でのこの種のベンチャー事業に大きな成長を見込んでいる。

加速――商業化、立ち上げ、成長

イノベーション・プロセスの最終段階は、アイデアが実際に市場に投入され、商品化へ向けて規模を拡大するときだ。これは大きな転換点となるため、細心の注意を要する。ここで、イノベーションの重点は、迅速な規模拡大のメカニズムへと移行しなければならない。従来型の規律（たとえば投資利益を生むこと）の対象から外されてきた事業は、いよいよ、通常の基準で評価されることになる。報告体制と規律を整える必要が生じ、考えの異なるマネジャーの重要性が増しはじめ、事業は親会社の一部とならざるをえなくなる。コンセプトの支配権は、試行テストやコンセプトの検証に携わったグループから、より保守的な業績評価基準をもつ営業部長に移ることが多い。重要なのは、事業自体の差別化要因を失うことなく、この移行をやりとげることである。

商品化と規模拡大はコグニザントの独自の強みだ。戦略を推進する際、力強い成長を持続するためなら多少の利益は犠牲にするつもりだと投資家に明言し、投資への賭け金を増やす。こうした投資は、進出しようとしている特定のアリーナで納得できる結果を出すために欠かせない。二〇〇九年には、フランシスコ・デスーザCEOが、成長分野にもっと積極的に投資しなかったことを悔やんでいると語ったと報じられた。同社の急速な拡大手法について、ある記者はこう述べている。「それは、より多くの社員を現場へ投入することを意味していた。ぜひとも獲得したい特定の顧客に社員が張りつく時間を増やすのだ。だが、その時点で彼らがあげる収益からすると、かけた時間は不釣り合いに長い。当初は大きな利益をもたらさなくても、いつか大きくなるかもしれないプロジェクトを引き受ける。特定のプロジェクトに競合他社よりも多くの資源を投じる。そのほかにもいろいろある。これらのおかげで、コグニザントはつねにより多くの市場シェアを獲得するのだ[11]」

一時的優位性に専心する企業は、イノベーションをどう管理しているか

サゲンティアの事例

サゲンティアはケンブリッジに拠点を置く技術コンサルティング会社である。私から見ると、さまざまな競争優位が現れては消えるという環境にもかかわらず、企業が継続的イノベーションを活用して成功する方法を身をもって示してくれているように思える。ハーストン・ミルの地元住民でなければ見つけるのが難しいサゲンティアのオフィスのロビーではっきりわかるのは、そこがありふれた郊外のオフィス施設とはまるで違うことだ。左手にはガラス張りの展示コーナーがあり、中世の拷問器具を現代風にアレンジしたようなものが陳列されている。よく見ると、同社の科学者やエンジニアがつくりだしてきた製品の一部であることがわかる。周囲には色鮮やかな壁と上に向かって伸びる階段があり、窓の外には花の咲く庭園が広がっている。おそらくこの会社について聞いたことはないだろうが、その発明品の数々は、現代の日常生活に不可欠な消費者製品や工業製品に組み込まれている。専属の案内係が会議室に案内してくれる。指定された場所から決して動かないよう丁重に求められる。周囲で進行中のすべてが極秘事項だからだ。

同社にとって、あらゆる事業活動のなかで最重要の課題がイノベーションであることは明らかだ。ある上級幹部はこう述べる。「本質的に、わが社のような企業はとても俊敏です。なぜなら、われわれは自分自身の運命を握っていないからです……顧客がやろうと決めたことを頼りに

生きるしかありません」。したがって多くの企業がそうなりつつあるように、競争優位が長続きせず、いたるところから競争相手が現れるせいで、徐々に同じ立場に追い込まれつつある。この点で、サゲンティアは典型的な例と言える。つまり「自分自身の運命を握っていない」のだ。唯一の対応策は、着実で継続的なイノベーションと顧客への尋常ならざる接近である。

サゲンティアはセクター——関心分野を表す同社特有の表現——を明確にし、情報収集はそうした分野に限定している。医薬品、消費者製品、工業製品の分野だ。同社の共同経営者はこう説明する。「われわれはセクター組織を利用して市場の課題を明らかにします」。セクター組織は、組織内の才能や能力を収める柔軟な入れ物を提供する。さらに、セクター長は担当セクターにおける潜在顧客の関心を熟知する専門家である。

サゲンティアの上層部が、重要な顧客ニーズを見極めることに専念していることは明白だ。共同経営者のダン・エドワーズはこう説明してくれた。「わが社は（物をつくる組織ではなく）プロジェクトを生み出す組織です。顧客のニーズを理解し、それに応えることで顧客の心を打って利益を得ます。われわれは毎日テストされており、（自社の資産ではなく）顧客のニーズを第一に考えています」。ここでは市場のニーズの見極めが何よりも優先される。たとえば、サゲンティアは自社の言う「生命科学はライフスタイルを満足させる」という大きなトレンドに従ってきた。個人はしばしば自宅にいるような環境で、自分の受ける医療サービスの一部あるいはすべてに責任を負うようになるだろう。こうしたトレンドは医療機器と治療選択の新境地を拓くはずだ。そうしたビジネスチャンスが生まれるとき、サゲンティアはその場にいたいと願っている。

経営陣は膨大な情報をふるいにかけている。社内では毎月三〇〇～四〇〇におよぶ、顧客と営業部員・経営幹部との会合の報告書が回覧される。上級幹部は、通常の職務の一環として、担当セクターで進行中の事案を完全に掌握することが期待されている。そこには、業界誌を読むこと、会議に出席すること、重要ユーザーのあいだにネットワークを構築すること、「多種多様なシナリオをもって人々に語りかけること」が含まれる。経営者も同様に、ほかの幹部とくらべて見晴らしがきく立場を活用して、ネットワークづくりに相当な時間を費やす。サゲンティアの雇っている文書管理者は、同社のコンサルタントが知っておくべき企業、テクノロジー、トレンドについての報告書をメールで送っている。

顧客セクターで働くニアール・モットラムによると、サゲンティアは取り組むべき顧客課題を見つけるために、量的手法だけでなく質的手法も駆使するという。「家庭用コーヒーメーカーのような単純なものを考えてみましょう。製品の実際の使われ方は、設計者の想定とかけ離れている場合があります。ある人はミネラルウォーターを使います。独自のフレーバーをつくります。濃いコーヒーをいれるために二度抽出します」。現場観察からの洞察は、物事の人間的側面《ヒューマンファクター》に精通する者が技術志向の高い人々と協力することで得られるものなのである。

同社は特定の顧客のニーズを理解することに加え、事業をまたいで影響をおよぼすパターンを見つけるのに長けている。外部の世界を広く探ることによって集められた情報は、中央保管所に整理して収められ、マーケティングの専門家によってふるいにかけられる。こうした役割——部門横断《クロスサイロ》型の情報収集——は多くの組織に欠けているものだ。マーケティング担当者が重点的に探すのは、サゲンティアのさまざまな事業分野にまたがるトレンドだ。たとえば、同社が「高度パターン認識」によって監視しているトレンドは、個別化《パーソナライゼーション》である。モットラムは個別化を、将来多くの製品デザインへの影響が予想される「マクロ・トレンド」だとしている。これはサービスにもあてはまる。モットラムは言う。「人々は、三〇分前に平凡な誰かが受けたのと同レベルの治療を受けたいとは思わないものです」。人々が望むのは個別化された何かなのだ。もう一つのマクロ・トレンドは視覚化だ。外科医は手術中、ロボットを操作したりリモコンを使ったりしているときでさえ、指先の感触だけでなく施術領域の三次元映像を見たいと思うかもしれない。

　同社のプロジェクトの選択は、従来型の企業とはまるで異なる競争へのアプローチの好例だ。第一に同社は、膨大な複雑性という、世界にとっての新たな問題に取り組んでいる。ある上級幹部がこう語ってくれた。「……わが社が取り組むべきなのは、実行するのが本当に難しく、金をかけるに値し、時間、リスク、高度な技術がいっそう求められる事業です。それに取り組める企業はそうそうありません。低レベルの競争になりそうだとわかれば、ビジネスチャンスとしてふさわしくないという早期警報にほかなりません。一般的にはその技術のライフサイクルの初期段階にあるのかもしれませんが、わが社にとっては終わりつつある技術なのです」。確立された競争優位の罠を逃れる企業は、まったく新しい事業領域を生み出す力をもっていることが多い。競争優位の従来の概念は、こうしたアリーナではほとんど意味をもたない。

　追求に値するニーズが決まったら、続いて、柔軟かつ創造的に資源を動員する。ダン・エドワーズは言う。「わが社のスタッフはすべて、社内のフリーマーケットで活動しています。あるセクターがプロジェクトを立ち上げると、専門の枠（物理学、電子工学、機械工学、化学など）を超えた機能横断型《クロスファンクショナル》チームからスタッフを選ぶことができます。これは、たとえば資源の九〇％が時代遅れのブランドや製品に配分される製造会社とはまるで異なります」

組織構造は、会社が取り組むプロジェクトに合わせて変化する。これは、多くの企業の組織づくりとはまったく違っており、イノベーションとの親和性ははるかに高い。セクターの責任者の一人に、他社に対するもっとも重要なアドバイスを求めると、こう答えてくれた。「自分は自社の構造的ニーズを満たしていないという事実を心に留めたいものです。市場のニーズは満たしています。しかし多くの企業で、組織構造は世界需要よりも重要になっているのです」

ここまで、私たちはイノベーションに習熟する――イノベーション・プロセス全体を、統治から、規模の拡大、中核事業との再統合にいたるまでの一つのシステムとして管理する――ための要素を探ってきた。そして、こうしたプロセスが、例外的成長企業やサゲンティア（絶え間ないイノベーションの流れに生死をかけている企業）で、どう取り組まれているかを理解しようとしてきた。だが、例外的成長企業はその名が示すとおり稀有な存在だ。こうした企業は時間をかけてイノベーションを市場にもち込むことに成功するが、またしてもその名が示すとおり、それは普通のことではない。では、それ以外の企業はどうなのだろうか？　必ずしもイノベーションに習熟していない、あるいは、もっとうまくやれるはずだと密かに思っている企業や組織はどうなのだろうか?

イノベーションに習熟する6つのステップ

もっと革新的になりたいと願う企業は、イノベーションと多様化を伴ういくつかの小規模な実験から始めることが多い。この手の実験に害はないものの、大組織にかなりの影響を与えるため、イノベーションのための努力はほかの大規模事業と同等に重視され、注目される必要がある。問題は、大組織に属する人々の多くは、中核事業を運営することで頭がいっぱいだということである。彼らはすでに長時間働いており、日常のさまざまな危機に対応するだけで四苦八苦している。

さらに、多くの企業が次の点を理解していない。イノベーション・システムの重要な側面は、真の専門技術を要するということであり、その技術の修得には長い時間がかかることだ。トレンド分析、市場規模の判定、オプションの分析と評価、プロトタイプの設計、仮説指向計画、テストケースの実施、ビジネスチャンスの活用、拡張性ある事業への移行といった活動はすべて、上達するのに時間、努力、経験を必要とする。大多数の企業では、社員がこうしたスキルを修得するにあたって一貫して役立つキャリアパスなど皆無だし[12]、社員がこうしたスキルを身につけようとしたところで見返りはほとんどない。

これに対する明白な解決策は、次のような組織と提携することだ。人々がひたすらイノベーション・アイデアのためだけに時間を費やし、ひらめいたアイデアを実行に移す余裕をもち、失敗する可能性がどこにあって失敗した場合にどうすべきかについて確かな知識をもっている組織である。イノサイト、ＩＤＥＯ、アクセンチュアの成長グループ、ストラテジン、キャメロン・アソシエイツ（私とイアン・マクミランが参画しているコンサルティング会社）といった企業は、私の見るところ、イノベーション・プロセスが崩壊し、状況の立て直しを図る顧客を助ける重要な仕事に携わっている。イノベーションにすばやく習熟する一方で失敗を最小限に抑えることが目標なら、一定の専門技術をその努力に取り入れるといい。では、こうした企業とのかかわりがどんなものになるかを以下で概観してみよう。

ステップ1　現状を分析し、成長ギャップを明確にする

まず最初に、基本情報を得て、現状を知る必要がある。その方法の一つは、自社のビジネスチャンスのポートフォリオを分析することだ。これを行なうためのモデルは、『仮説指向型成長』に詳述されているが、ここで簡単に振り返ってみたい[13]。まず、二つの不確実性の観点から世界について考える。一つめは市場の――内部と外部双方の――不確実性、二つめはさまざまなプロジェクトで用いられる能力や技術の不確実性だ。私のモデルでは、プロジェクトを五つのカテゴリーに分類することを提案している（図５－１）。

図5-1　ビジネスチャンスのポートフォリオ

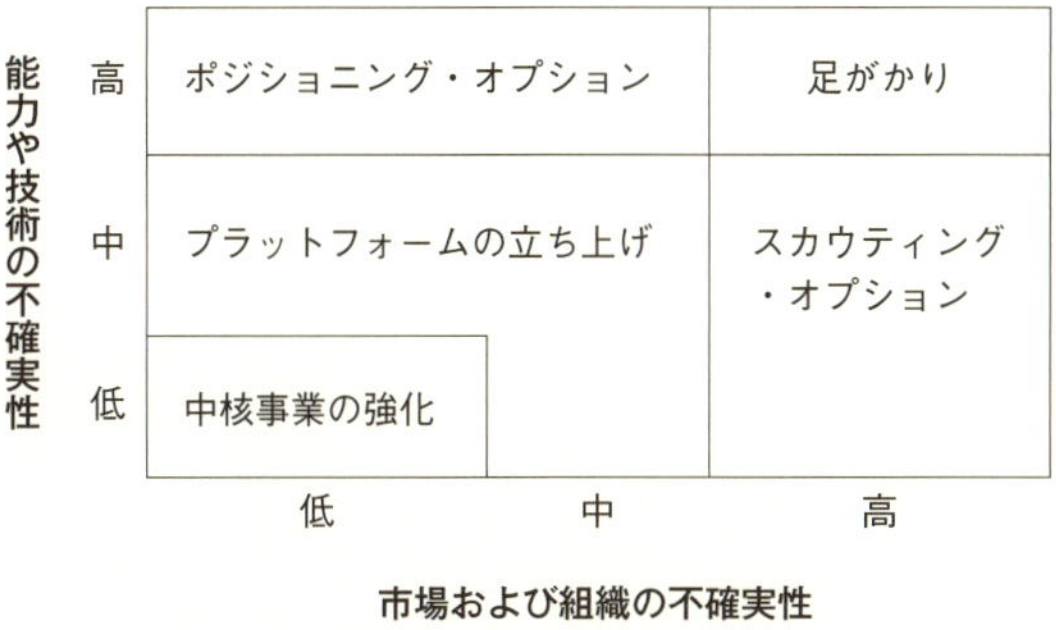

中核事業の強化とは、現在の事業がさらに顧客に役立つようにするプロジェクトや構想のことだ。このカテゴリーでは、市場の不確実性も技術の不確実性も比較的低い。中核事業の強化によって、事業はより迅速に、より健全、より低コスト、より生産的に、より精密になるか、もしくはより利用しやすく、より便利になる。中核事業の目的は、十分な収益を生み出し、成長目標を追求できるようにすることだ。中核事業が順調でないなら、真っ先にそこを立て直すべきだ。

プラットフォームの立ち上げは、一般に不確実性はやや高いものの、まったく未知の場所へ大胆に飛び込むほどではなく、次の中核事業と考えることができる。これは通常、イノベーション・プロセスの規模拡大の段階にあるプロジェクトであり、将来の中核事業への出資である。

第三のカテゴリーはオプションへの投資だ。オプションへの投資は一般に、今日行なう小規模な投資であり、将来もっと大規模な投資を行なうための権利が手に入るが、その義務を負うわけではない。テストケース、プロトタイプ、初期段階の実験、リビングラボなどはすべてオプションだ。私はオプションを3つに分類したいと思う。

①**ポジショニング・オプション**はさまざまな取り組みからなる。そうした取り組みにおいては、需要があることはわかっていても、それを満たすために必要な技術や能力の組み合わせはわからない。アメリカのスマートフォンなどのモバイル機器業界は、この状況に少し似ている。ワイヤレス・サービスには全般的な規格がないため、携帯電話メーカーはさまざまな規格が利用しつづけられるようにすることで、幅広いオプションを維持する必要がある。

②**スカウティング・オプション**とは、使い途が明確な能力や技術をもっていて、それを新たなアリーナへ拡大しようとしている状況だ。それは新たな顧客セグメントかもしれないし、新たな地域かもしれないし、新たなアプリケーションかもしれない。この段階では、最終的に何が有効かがわかるまで、かなりの量の試行とテストが必要とされる。たとえばアップルは、実店舗を出す前に、小売店舗の実物大模型《モックアップ》をつくり、あらゆる顧客経験を用いて厳しくテストした。

③**足がかり**とは、需要が生じ、やがてはそれに対応できるところまで技術が進歩すると考えられるが、その時期はまだまだ先という状況だ。ここでの目標は、現実の問題は解決できるものの、技術的にはそれほど高度でない簡素なアプリケーションを使って商業化に着手することだ。今日

のナノテクノロジーの開発手法がその好例だ――将来、ナノ単位のモノづくりによって、現在では夢にすぎない驚くべき製品が生み出されることは誰でもわかる。現在、ナノ・スケールの技術を用いて商業化が可能なものは何だろうか？　シワの寄らないドッカーズ・ブランドのズボンや指紋のつかない携帯電話の画面など。こうした技術が大切なのは、最終的な商業的ソリューションに一歩ずつ近づいていくからである。

したがって、まずやるべきことは、自社のイノベーション・プログラムの現状を知ることだ。各プロジェクトに付箋紙を一枚ずつ割り当て、カテゴリーごとに貼りつけ、現状を見てみよう。はじめてこれをやった人はだいたいショックを受ける。実際にできあがったポートフォリオが、めざす成長戦略を推進しそうにないと痛感するに違いない。図5―2のポートフォリオについて考えてみよう。このようにマッピングされたポートフォリオの場合、遅々とした低成長しか組織にもたらさない可能性が高い。

ここでの目標は、めざしている成長と現実とのギャップを実感することだ。三年から五年後の中核事業のあるべき位置を実現するには、現在のポートフォリオにどんな成長の源泉を加えるべきか？　また、コモディティー化しつつある落ち目の事業を考慮すると、このギャップはどうなるか？　それを考えることが、イノベーション・システムの次なる目的だ。

図5-2　低成長のポートフォリオ

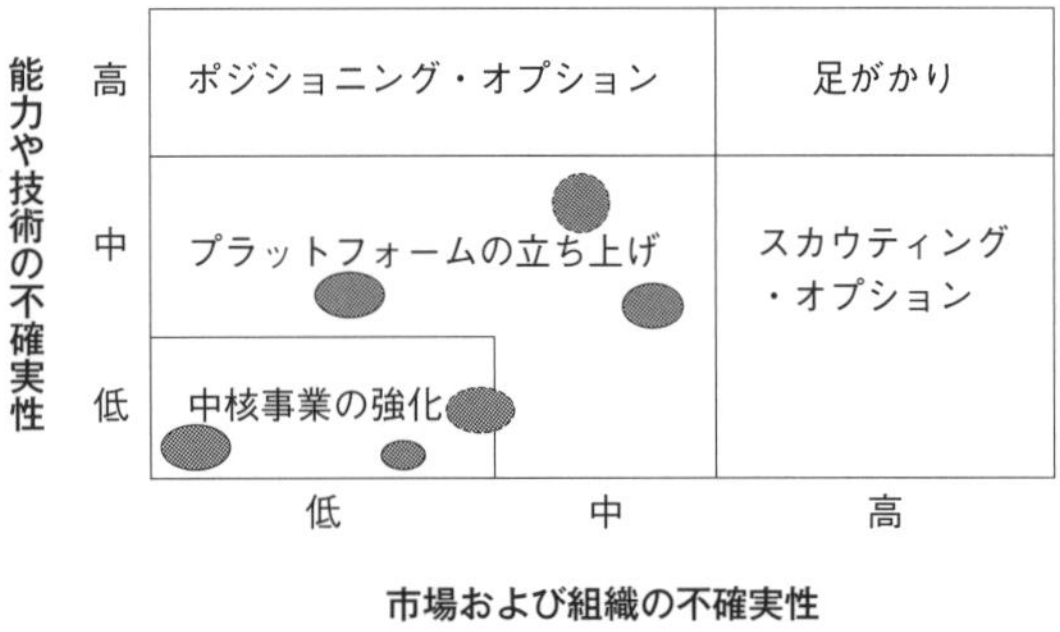

ステップ2　上級幹部から支持と資源配分を受ける

驚くべきことに、成長ギャップの証拠があるにもかかわらず、上級幹部が次の点を理解していない可能性は十分ある。これまでの章で述べてきたように、イノベーションなくして既存事業の将来の成長など望むべくもない。だが、イノベーション・システムが機能するには、上層部の意思決定者の参加が欠かせない。これにはいくつかのやり方が考えられるが、私はまず、一連の（一日か二日かける価値のある）プレゼンテーションを行ない、イノベーションに必要なさまざまな規律について説明することが多い。プレゼンの形式は、一連の短い講義とその合間の討論で、現場への応用を随時試みる。ステップ1をやっていれば、成長システムの構築のためには資源配分が必要だという主張も納得してもらえるだろうし、革新的なコンセプトについて共通認識をもっていることも助けになる。リーダーには、イノベーションに深くかかわり、イノベーションの努力が向けられる範囲をはっきりさせること（私たちは「野球場をつくる」と表現することがある）が求められる。

私は、第4章でも触れたデュポンの知識集約型成長プログラムでボブ・クーパーとともに働きながら、苦い経験を通じて、上級幹部の賛同を得ることが何より肝心であることを学んだ。主要な問題はアイデア不足にあると単純に考えた私たちは、徹底的にブレインストーミングを行なった。こうして出てきたアイデアのいくつかは本当にすばらしいものだと思っていた。そこで、予算をつけてもらおうと、会社の小切手帳を握る経営幹部を訪ねた。ところが、である。私たちはとんでもない間違いを犯していたのだ。はじめから経営陣に働きかけてもいなければ、アイデアを組み込むべき戦略的フレームワークを用意してもいなかったのだ。斬新で優れたアイデアは、経営陣の優先事項と一致しないことが多々ある。彼らが喫緊の重要案件を抱えていれば、なじみのない新たな案件になど資金を投じるはずがない。それらのアイデアは行き場を失ってしまった。チームがどれほど士気を挫かれ、落胆したかはわかってもらえるだろう——実のところ、私たちは胸を躍らせるばかりで最後の仕上げをおろそかにしたため、事態を悪化させてしまったのだ。それ以来、いかなる成長のための努力も、まずはイノベーション進捗の足がかりとしてリーダーシップの枠組みを築くことから始めるよう勧めている。

メカニズムの強化に関して、私はさらにこう主張したい。イノベーションが組織にとって本当に重要なら、それを会議の議題とし、ウェブサイトに載せ、さらにその重要性を目立つ場所に掲げることだ。

ステップ3　イノベーション管理プロセスをつくりあげる

次なる当然のステップは、イノベーションの管理法を組織化することだ。お定まりのアプローチは、上級幹部で構成されるイノベーション委員会の設置である。この委員会の目的は、プロジェクト案を聞き、軌道修正のために質問を発し、プロジェクトにゴーサインを出し、必要ならば、行き詰まったときにもっとも建設的な方法でプロジェクトの中止を手助けすることだ。イノベーション委員会のそれ以外の重要な仕事は、イノベーション・チームの努力を阻む官僚的・構造的な障害の一掃である。ときには幹部からのたった一本の電話によって、チーム内のやりとりでは答えを出すのに数週間かかる問題が解決してしまうこともある。ＩＢＭの場合、イノベーション管理は担当ＣＥＯ直属の幹部の主要な職務だった。

組織が探究しようとする機会領域の規定もイノベーション管理プロセスの一環である。これによって、どんなアイデアが望ましいか（または望ましくないか）が明確になり、イノベーションの努力の方向性が決まる。

ステップ4　システムの構築と組織への導入に着手する

組織が携わるその他のプロセス——たとえばシックス・シグマ——と同じく、イノベーションの場合も効果を発揮するやり方とそうでないやり方がある。組織内の十分な人員に、そうしたやり方がどんなものかを知らせておくことは、彼らがイノベーションの推進に責任を負う立場にないとしても有益である。通常、そのための望ましい手段は訓練だが、それにはさまざまな形がある。私は、企業内研修、セミナー、ウェビナー（ウェブ上で開催されるセミナー）、バーチャル・トレーニングなど、ありとあらゆる手段を利用してきた。重要な点は、従業員にまず、イノベーション向けの共通言語をもってもらうことと、日常業務に役立つこともイノベーションには役立たないと認識してもらうことだ。

ピアソンの臨床評価事業部門責任者のアウレリオ・プリフィテラは、自部門が昔もいまも大変な成功を収めているにもかかわらず、事業の刷新に関心をもっていた。人材育成担当副社長のクリス・モスカルの協力をあおぎ、イノベーションへのより体系的なアプローチづくりに着手した。私たちは、イノベーションの基本的なコンセプトを見直すため、まずプリフィテラ率いるリーダーシップ・チームとともに一日がかりのオフサイトミーティングを開いた。この会議でいくつもの新たな構想が提起された——ポートフォリオ分析、イノベーション委員会の設置、いくつかの新たなプロジェクトへの資源配分、イノベーション・スキルの習得に役立つトレーニングとコーチングへの資金提供など。会議後の最初の一年で私は、約二週間おきの電話セミナーを一四回開き、この事業に携わる意思決定者の大多数に参加してもらった（クリスが愉快そうに「誰でも電話は使える、そうでしょう?」と言うとおりだ）。こうした定期的トレーニングは、スキルの向上や共通言語の創出にきわめて重要な意味をもつ。

ステップ5　具体的かつ現実的なことから始める

次の段階では、一つ以上のイノベーション・アイデアを取り上げ、それを発展させるためのツールを活用しはじめるのが理にかなっている。このステップには、すでに進行中だが、結果の出ていないプロジェクトが含まれることも多い。だが、重要なのは次の点だ。コンサルタントをはじめ、この活動の推進者は、実際の仕事を通じてコンセプトを証明するチャンスを手にしているのだ。顧客需要の見極め、市場規模の判定、プロトタイプの製作、ビジネスモデルの設計、仮説指向計画法、さらには、イノベーションに特有のその他あらゆるコンセプトが、ここで実践の段階を迎えるのである。

私の同僚のロン・ピエラントッツィとキャメロン・アソシエイツのアレックス・ファン・パッテンが苦労して学んだのは、経営陣の賛同を得れば組織と連携できると思っていたのに、なかなかうまくいかないということだった。彼らは、経営陣がいったんイノベーションの努力を承認し、資源を配分してくれれば、その次の段階は当然、プロジェクトにかかわる全員が参加する大きな会議を開き、彼らに中核的アイデアを知ってもらうことだと考えていた。ここに問題がある――その会議の準備が整うまでに、数カ月が過ぎてしまうことが多いのだ。イノベーションに携わることが正式に認められたからといって、関係者のスケジュールがすぐに空くわけでも、ほかの約束が消えてなくなるわけでもない。ロンとアレックスが学んだのは、ボトムアップで仕事を進め、継続的に支援してくれるチームをいくつか選び、それらのチームにプロジェクトの発見・育成プロセスを経験させるほうが、結果はよくなるということだった。こうしたプロジェクトにおいて、現行のスタッフには時間や専門技能が不足していることが多いからだ。

ステップ6　イノベーションのサポート体制を築く

イノベーションの実現にはこうしたテクニックが有効だという考え方が早期に証明されたら、今度はサポート体制を築く番だ。アイデア形成、仮設、育成に専念するチーム、人々を結びつけるITシステム（たとえばコグニザントのイノベーション管理システム）、リアル・オプションの感覚で運用される予算構造などはすべて、完全なシステムづくりの一環である。イノサイトで働く同僚はこれを「成長工場」の建設と称している。(14)ベンチャー事業はこの段階で事業規模を拡大し、信頼性を確保する構造へと移行するのが普通だ。

6つのステップ自体はかなり直線的なものだ。言うまでもないが、優位性の活用を志向する既存の組織は、ほぼ全ステップで抵抗する傾向があることを肝に銘じておいてほしい。イノベーション・システムの整備には二、三年かかると覚悟してもらいたい。だが、いったん整備してしまえば、その恩恵は計り知れない。

ブランブルズに見る習熟の事例

これまで述べてきた各ステップが現実の組織にどうあてはまるかを示すため、ロンとアレックスの二人が過去二年にわたって支援してきたロバート・スペンサーの取り組みについて検討してみよう。スペンサーはオーストラリアのブランブルズのCIO（最高イノベーション責任者）

だ。ブランブルズはかなり地味な事業、つまり、世界各地で商品の輸送や保管に使われるパレットなどの物流管理に携わっている。同社は一八七五年にウォルター・ブランブルによって設立された。ブランブルは、まだ一歳にもならないうちにイギリス人の両親に連れられてオーストラリアにやってきた。成人すると「切り分けと配達」を行なう食肉業者になり、顧客のもとに商品を届けていた。彼の会社はその後「ブランブル・アンド・サンズ」と改称し、次第に物流に重点を移すと、一九二五年に「やむことなき前進」の社是のもと、輸送会社として法人化した。

現在の会社は歴史的な偶然から始まった。第二次世界大戦中、オーストラリア政府は軍用資材を効率よく運搬するために「連合軍物資運搬常任委員会」を設立した。戦後、米軍がオーストラリアから引き揚げた際、運搬設備が山のように残された。そのなかにパレットとコンテナがあった。こうした資産の管理は「連邦運搬設備管理組合（CHEP）」に任され、CHEPはしばらくのあいだオーストラリア政府によって運営された。やがて、政府は事業の民営化を決め、CHEPは一九五八年にブランブルズに売却された。現在、同社は四億枚を超えるパレットやさまざまな型式のコンテナを保有し、世界五〇カ国以上で顧客の用に供している。二〇一二事業年度には、五六億ドルの売上を達成した（そう、輸送パレットと保管コンテナの世界各地への運搬を事業基盤とする一〇億ドル企業だ）。

私たちの物語は、トム・ゴーマンがCEOに就任した二〇〇九年に始まる。ゴーマンはフォード・モーターに長年勤めたあと、ヨーロッパ、中東、アフリカでCHEP事業を展開するために二〇〇八年にブランブルズに入社していた。当時、ゴーマンはある記者にこう語っている。「われわれは、地理的拡大、新たなプラットフォーム、新たなサービスの提供を通じて成長しようとしています。しかしいまや、それに加えて真の戦略を実行する必要があります。それが私たちのめざすものです」[15]。彼はイノベーションを追求するだけでなく、同社に対する自分の遺産として、イノベーションを推進する能力を身につけようと決意していた。同社が革新的でなかったわけではない。イノベーション管理者のスペンサーはこう説明する。「あるアイデアに情熱をもっている社内の有力者を見つければ、その人物がアイデアを実現してくれるでしょう」。しかし、イノベーションを推進すべくスペンサーを雇ったゴーマンがめざしたのは、そういうことではなく、イノベーションを体系的な能力にすることだった。

ゴーマンは、当時オーストラリアにやってきていた、企業成長に関する世界有数の専門家の一人に教えを請うた。コンサルタントで著述家のメルダッド・バグハイである[16]。バグハイは、イノベーションのこうした体系的能力を生み出すには、ロンとアレックスとともにスペンサーの力を借りてはどうかと提案した。また、彼らの活動は中核事業とは別に運営される必要があるとも言った。彼らは前述のステップに従い、自分たちの仕事を進めた。

ステップ1　現状を分析し、成長ギャップを明確にする

ロンはブランブルズでの仕事について次のように述べている。「われわれはまず、彼らが何をしようとしているのかを理解しようとしました。企業はたいてい革新的でありたいと言うものですが、まず何を達成しようとしているのかを知らなければなりません」。成長目標を把握したら

（同社の成長目標は非常に野心的だった）、M＆Aやベンチャー投資といった外部資源から何が得られそうか、また本業の成長からは何を得る必要があるかを徹底的に考える。

ステップ2　上級幹部から支持と資源配分を受ける

ゴーマンという支持者を得て、かなりの資金がイノベーション・プロセスの支援に回された。この資金は本社によって賄われ、個別の事業部門に資金は求められなかった。事業部門の責任者が支持をためらわないようにするためだ。もう一つの課題は、イノベーションを提案するのにふさわしい領域を明確にすることだった。ゴーマンが当初から指摘していたように、ブランブルズの成長の機会は、パレットの集中管理に関する知的資産を新たなセグメントと地域へ拡大することに絞られるだろう。

ステップ3　イノベーション管理プロセスをつくりあげる

ゴーマンとスペンサーは、自分たちのイノベーション案からどれだけの成長を引き出すかについて考えをまとめると、通常業務の統治構造から完全に独立したイノベーション委員会を発足させた。

だが、少しばかり学ぶべきことがあった。二人がはじめに出くわした問題は、CEOが本社資金を「イノベーション資金」と名づけ、不確実性は高いが大きな可能性を秘めた新事業構想をもっと探していると述べたことだった。ゴーマンはのちに「その言い方は舌足らずでした」と語っている。社員が考え出したアイデアは、十分に革新的であるための基準を満たすものではなかった。ゴーマンは「それには少々がっかりさせられました」と振り返る。同社は当初、よいアイデアを十分に送り出せずに苦労していた。

そこで、単に資金があると言うのをやめ、会社がやりたいことをもっと明確にすることにした。三つの広範な領域を特定し、イノベーション資金から配分を受けられる範囲をはっきり示したのである。一つめの領域には収益を生みそうなプロジェクト。二つめは価値を生み出すもので、利益を増やす、プレミアムを維持する、コストを削減する、あるいは市場における差別化要因を拡大するプロジェクト。最後は洞察を生み出す分野で、現れつつある顧客ニーズの理解に役立つ下準備とされた。それから、同社はイノベーション資金の使い途について目標を定めた。スペンサーは言う。「われわれは、各三領域で、毎年少なくともXを見直し、Yに資金を配分し、Zを成長のために送り出すつもりです」。何が革新的であり、何がそうでないのかについての堂々めぐりの議論を終わらせるために、同社は5つの質問を用意した。そのうちの二問に「はい」と答えられるなら、そのプロジェクトは十分に革新的であり、資金配分の候補とみなされる。その五問は次のとおり。

1　その提案は新しい経営モデルやビジネスモデルを示しているか?
2　それはわが社を新しい顧客や別の顧客へ結びつけるか?
3　そのアイデアはわが社を新たな競争や別の競争にさらす可能性があるか?

4　それは新たなスキルを必要とするか——そのために社員の採用や訓練が必要か？
5　それは新しい技術、新しいタイプの資源、新しい設備、あるいは、扱い方がわからない新しい何かを必要とするか？

今日、さまざまな事業部内に同じような委員会が生まれ、独自の構想に取り組んでいる。おかげでプロセスの包括性が増し、より多くのアイデアが資金配分を受けられるようになっている。

ステップ4　システムの構築と組織への導入に着手する

経営者としての実務経験（ロンの場合はエアープロダクツ・アンド・ケミカルズのイノベーション担当ディレクターとしての、アレックスの場合は自分の経営する三社とクライスラー・キャピタル・リアルティーの財務専門家としての経験）のなかで、ロンとアレックスはイノベーション・システムの構築にみずから取り組んだことがあった。それ以来、二人は多くの組織に手を貸してきた。二人がブランブルズにもち込んだ要素にはビジネスケースと学習計画をまとめる仮説指向計画法、リスクを管理し、オプションの価値を明らかにする事業機会エンジニアリング、顧客のニーズおよびビジネスチャンスに的を絞る消費チェーン分析と属性マッピング、新たなビジネスモデルの機会を見つけるビジネスモデル分析などである。(17) イノベーション・システムの構築に経験豊富な人材を参加させる利点は、組織がはじめて取り組むその他の業務に専門家を参加させる場合と同じだ。すべてをゼロからつくりあげるより、時間もリスクも少なくてすむ（私がロンとアレックスを例に挙げるのは、二人が進めるプロセスを熟知しているからだが、同様の評価があてはまる優れたコンサルタントはほかにもいる)。

外部の視点をもつ人々と協力するメリットの一つは、財務畑の人々にイノベーションの財務面について説明しやすくなることである。財務部員にも委員会に参加してもらうのが理想だ。アレックスはかつて財務担当幹部を務めていた経験から、きわめて不確実な環境でオプション原理を採用し、リスクを明示的に管理することによって、プロジェクトに強固な財務規律を課すにはどうすればいいかを納得のいくように示すことができる。

イノベーション・システムの構築にあたって外部の専門知識を取り入れるもう一つのメリットは、多様な視点が手に入ることだ。ブランブルズの場合スペンサーは、社員のアイデアがきちんと吟味されるように、また課題がさまざまな観点から検討されるように心を砕いていたものだ。

ステップ5　具体的かつ現実的なことから始める

当初、ロンとアレックスがブランブルズに招かれたのは、イノベーション・システムのツールについて研修会を開くためだった。しかし、スペンサーと彼のチームは、教室で上っ面だけの訓練をするのではなく、実際の事業構想にイノベーション・ツールを応用することから始めようと決めた。当時、同社のある事業は、いわゆる「後追い模倣」の技術に多額の資金を費やしていたが、そのプロジェクトの方針は曖昧なままだった。そこで、アレックスが指導するワークショップが開かれ、仮説指向計画法を使ってプロジェクトの根本的な妥当性が検討された。すると、アレックス、ロン、そして私が言うところの「生ける屍」プロジェクトであることが判明した。こうしたプロジェクトは完全に失敗しているわけではないが、成功してもいない。そして、軌道修正する現実的な展望もないまま、重い足取りで前進しながら、時間と労力を無駄にするだけなのだ。スペンサーはやや残念そうにこう述べる。「資金を使い果たす前の初期段階で仮説指向計画法を用いていれば、このプロジェクトにも価値があったでしょう」。清算して資源をほかの事業に振り向けるのが妥当だと判断して、このプロジェクトは幕を下ろした。

ステップ6　イノベーションのサポート体制を築く

ロンとアレックスがブランブルズに加わった最初の年は、すでに述べたように、主として研修に費やされた。二人は、さまざまな部門の手つかずのプロジェクト・チームを訓練しようと、一度に三～五組のチームを二、三日のワークショップに参加させた。そこでは、学習・応用型の消費チェーン分析、ビジネスモデルの設計、仮説指向計画法、事業機会エンジニアリング、感度分析の活用などを取り上げた。しかし、全員が真剣に取り組んだにもかかわらず、スペンサーが期待していたほどの効果は得られなかった。当時を振り返って、ロンはこう述べる。「われわれはプロジェクト・チームに入り込んでともに働きましたが、事後に多くの話を聞くことはありませんでした」。実のところ、私の経験でもこうしたことは珍しくない。組織内の十分な数の人々が、イノベーションについて共通言語や視点をもつようになるまでには、しばらく時間がかかるのが普通だ。

二年目、同社は「研修」重視からコーチング方式へとやり方を変えた。そこでロンとアレックスは、重要なチェック項目の確認、仮定の検証、学習計画の策定などを通じ、さまざまなプロジェクト・チームをコーチしはじめた。二人はだいたい四半期ベースでイノベーション・チームとともに働きながら、仮定を検証したり、プロジェクトについて規律ある方法で考えたりするにはどうすればいいかを指南した。あるとき、ロンがこんな話をしてくれた。「六件のプロジェクトの検討をすませて研修会から戻ったばかりでした――われわれは結局あるプロジェクトを中止することにしました。それには、分析を行ない、『どうしてこれをやっているのか?』と問うだけでよかったのです」。二人が組織に植えつけようとしているのは、通常業務とは異なるイノベーションに取り組む際、多様な選択肢を追求し、さまざまなシナリオで考え、行動を差別化するという姿勢である。ここでの目標は、訓練をするだけでなく、チームにスキルを応用させつづける強制的なメカニズムをつくることだ。こうしたスキルはほかの社員へ伝えられ、いまや社内にスキルセットが構築されつつある。

すでに述べたように、ブランブルズは初期段階のベンチャー事業に本社から資金を拠出している。おかげで、事業部門にとっての投資リスクは低下し、ベンチャー事業にかかわることへの抵抗感は薄らぐ。新規事業が売上と利益を生みはじめると、本社の財布に資金が返済される。この段階に達する前に事業が打ち切られても、事業部門は本社に対して何の借りも負わない。スペンサーによれば、これが重要な心理的効果を生むという。人々は、途中で打ち切られるベンチャー事業にかかわると自身のキャリアに傷がつくかもしれないという不安から解放される。学習に活用できるし、汚名を着せられることもほとんどないと考えるようになるのだ。さらに、関連事業の価値を下げるダウンサイド・リスクもきわめて低い。

今日、ブランブルズのイノベーション委員会は毎月開催されている。各事業部門内にもイノベーション委員会がつくられ、スペンサーと彼のチームはその委員会にも同じように関与している。同社はいまでは八人のひたむきな人物を世界各地に配置し、ヨーロッパ、南北アメリカ、アジア・太平洋地域で、イノベーションの実践に励んでいる。

イノベーションに習熟するために知恵を絞る

ブランブルズがイノベーション能力の開発を成功させてきたいくつかの手段は、注目に値する。同社はイノベーションの推進に専念する上級幹部としてロバート・スペンサーを雇った。あまりにも多くの企業で、イノベーションがなおざりにされるか、あるいはかつてのブランブルズのように、権力をもつ人々があるアイデアを積極的に支持するかどうかにその成否がかかっている。さらに同社は、イノベーション専用の資金と統治機構をつくることによって、事業部門間の内輪もめのリスクと懸念を減らした。これはまた、新規事業がその実現性以上に確実なものとして運営されてしまうという慢性的問題も解決する。そのうえ同社は、新規事業がどう運営されているかを計測するシステムもつくった。ロンは「彼らはあらゆるものを追跡しています」と言う。ブランブルズは「イノベーション・ダッシュボード」を用いて以下の項目を追跡している。

- 月ごとに提案されたアイデア
- 開催された研修会（ワークショップ）とそのテーマ
- 研修を受けた社員
- 分野別のアイデア
- 総収入機会から見たイノベーション資金の状況
- 分野別の収入機会
- 使われた資金とイノベーション基金への返済額
- 承認されたビジネスチャンス、資金が配分されたビジネスチャンス、活用が始まったビジネスチャンス

イノベーション・ダッシュボードの価値はきわめて大きい。イノベーション・プロセスを実体化し、社員に鮮明なイメージを与えられるうえに、時間の経過に伴う進捗状況を示し、経営陣が注目していることを象徴的に知らしめることにもなるからである。

ブランブルズは、イノベーションに携わるインセンティブの問題にも対処してきた。すでに述べたように、最初に行なったのは、資源配分および失敗へのおそれという問題を払拭することによって、意欲《ディスインセンティブ》をそぐものを取り除くことだった。積極的なインセンティブを与える仕掛けの一つが、会社の幹部の大半――CEO、CFO（最高財務責任者）、事業部門長――のイノベーション委員会への参加だ。アイデアをもっているチームは、日常業務では面識を得る機会のない上級

幹部にプレゼンテーションをする。それゆえ、優れたアイデアであれば、トップの眼に直接触れる可能性がきわめて高くなる。

同社が調査しているイノベーション事例の一つが、食料雑貨店や動きの速い消費財企業の「最後の一マイル」問題への取り組みだ。サプライチェーンにおいては、商品を倉庫から取り出して売り場の棚に並べるまでに莫大な人件費がかかるため、同社は品出し作業を簡素化するソリューションを見つけようとしている。すでに市場で（特にヨーロッパで）実施されているのが、果物や野菜をプラスチックの梱包箱《クレート》で売るという方法だ。果物や野菜は収穫されるとすぐにクレートに入れられ、そのまま運ばれ、売り場の棚に並べられる。スペンサーはこう語る。「彼らは異なる分野でその手のものを探しているのです」。ブランブルズはパレットに車輪をつけることも思案中だ。スペンサーが指摘するように、問題は、小売企業はそのアイデアをとても気に入っているが、サプライチェーンのその他のメンバー――物流会社、メーカー、生産者――がみんな嫌っているということだ！　そこで同社は、小売企業とそれ以外の企業の双方にとって最善のイノベーションはないか検討している。

ブランブルズの旅はまだ続いているとはいえ（しかも始まったのは約二年前だ）、きわめて大きな進歩が見てとれる。アイデア形成の速度は上がっているが、アイデア自体は増えていない。スペンサーはさらにスキルの高い社内グループを構築している。このグループはプロジェクト・チームと力を合わせ、きわめて不確実なベンチャー事業を適切に運営できる。また、研修を施すという任務も担っている。ロンの言葉を借りれば「スペンサーと彼のチームは、社員がアイデアを練って発展させる手助けをしている」とのことだ。同社の年次報告では、イノベーション文化の創造は順調に進んでいると誇らしげに述べられており、二〇一一年度版ではイノベーションが重要な戦略目標として位置づけられている。最近のテレビのインタビューでトム・ゴーマンは、ブランブルズの「全事業での成長」を鼻高々に強調している。[18] それがパレットで可能だとすれば、あらゆることにおいて可能である。

イノベーションは戦略の要

一時的優位性の世界では、イノベーションはやってもやらなくてもよいものではない。イノベーションは副業ではない。上級幹部の道楽でも一時的な流行でもない。イノベーションは、専門的に構築され管理されなければならない能力なのだ。これまで何年ものあいだ、私たちは既存の優位性の観点からのみ戦略を考えることが多かった。だが、一時的優位性の経済では、イノベーションを有効な戦略から切り離すことなどできない。幸いなことに、これを成功させるための実践と手順について、私たちは非常に優れたアイデアをもっている。

本章では、イノベーションの適切なプロセスを確立するにはリーダーシップが重要であることに少し触れた。一時的優位性の経済で有効なリーダーシップは、ペースの遅い領域にふさわしいものとは異なるマインドセットやアプローチを確立する。次章では、優位性が一時的なものにすぎない環境で成功するために、リーダーが採用すべきマインドセットについて検討する。

第6章

シナリオ5

リーダーシップとマインドセットを変える

表6-1　戦略の新たなシナリオ――マインドセット

旧	新
既存の優位性は持続するという想定	既存の優位性は圧力にさらされるという想定
既存の見方を強化する会話	現状を率直に問う会話
比較的少数の同質な人々が戦略策定プロセスにかかわる	幅広い関係者が戦略策定プロセスにかかわり、多様な視点を提供する
正確だが遅い	正確さはそこそこだが迅速
予測志向	仮説指向
正味現在価値（NPV）志向	オプション志向
確証を探す	反証を探す
社内で最適化に注力する	外部の世界に積極的に注力する
問題解決に人材を使う	チャンスを見つけてとらえるために人材を使う
既定路線を延長する	継続的な変化を促す
既定路線の衰退を甘受する	立ち直りが早い

一時的優位性の世界でリーダーシップに求められるのは、社の方針を支配する中核事業から、等しく重要なオプションへと力点を移すことだ。更新とイノベーションを継続させる力も重視される。また、早期の警報を察知し、組織に注意を向けさせる能力も非常に大切である（表6－1）。

例外的成長企業はそうした活動に熟達していることを証明してきた――戦略上のチャンスがどこにあるか、それらの新たな領域に参入するにはどうすればいいかを理解していたのだ。

スペインのインドラ・システマスのハビエル・モンソンCEOは、明確な計画を立てていた。一九九三年に複数の既存企業が合併して誕生した同社は、戦略上の第一歩としてまずスペイン国内で優位性を築き、続いて国際市場へ打って出ることにした。同社はつねに世界を見据えていたが、最初に勝負するアリーナはまず国内だった。その後、グローバル化のために参入する市場をいくつか選び、やがて二〇〇五年には「世界中のどんな場所でも戦える企業をめざす」というスローガンを現実のものとした。(1)

コダックの正念場

多くの経営者とは違い、科学者は二つのことをするよう訓練されている。第一に、事態の進展のパターンを解釈すること。第二に、その帰結がいかに不都合で論争を呼ぶものであっても、真実を尊重することだ。しかし残念ながら、彼らが真実を語っても耳を傾けてもらえないことが多い。

一九七九年、ドイツ生まれの研究化学者ウォルフガング・H・H・ギュンターは、ゼロックスからコダックへの移籍話に胸を躍らせていた。コダックから誘われて話し合いを重ねている段階で、ギュンターはプレゼンテーションをするよう求められた。彼はゼロックスのアルト（ゼロックスのパロアルト研究所から提供された初期型のパーソナル・コンピューター）で作成したオーバーヘッド・プロジェクター用のシートを使いながら話をした。その後の質疑応答で言葉を交わした人のなかに、経営幹部のトム・ホワイトリーがいた。当時の感光乳剤研究部門のトップだ。彼はギュンターに、技術の未来をどう思い描いているかとたずねた。ギュンターはこう答えたそうだ。「そこで、何の気なしに『もちろんカセット式ビデオカメラの時代が来ます。八ミリビデオはもう時代遅れです』と言ってしまったんだ。この瞬間、へまをやらかしたと思ったよ。彼は少し気色ばむと、コダックの技術がいかに揺るぎないものかを理解していないと言って私をとがめたんだ」

もう一度言うが、これは一九七九年の話だ。ハント兄弟が銀市場の買い占めを図り、そのとばっちりを受けて富士写真フイルムの大西實がフィルムのない未来を考えはじめたまさにあの年である。ギュンターはすでにそうした未来に思いを馳せていた。コダックの経営陣にとってそんな未来は想像すらつかなかった。第1章で見たように、富士フイルムはすでに次の波へ乗り移ろうと決めていた。しかし、コダックの上層部はそうした将来像に耐えられず、フィルムにおける長年の優位性を活用しつづけることにしたのだ。

ともあれ、コダックはギュンターを採用し、ギュンターはコダックの研究所へ移った。彼はやがて権威ある研究賞（一九八二〜八三年度CEKミーズ科学賞）を受賞し、一〇〇件以上の特許に発明者として名を連ね（ゼロックス、コダック、スターリング、ナイコメッド、ウィスコンシン医科大学に譲渡された）、最終的には、コダックが医薬品事業に進出して大失敗したために断行された数度にわたる組織再編に巻き込まれて退職した。一方のホワイトリーは、皮肉としか言いようのない晩年の趣味に打ち込み、アマチュア古生物学者として名声を得た[2]。環境に適応できずに死に絶えた生物の研究に余生を捧げたのである。

かつての成功モデルを変える必要性を率直に認め、進んで受け入れる姿勢は、一時的な競争優位を志向する企業のリーダーシップに欠かせないものだ。問題を否定すれば貴重な時間を浪費してしまう。

ギュンターがコダックに入社して五年後の一九八四年、フォーブズ誌は「世界はコダックを置き去りにしたか?」というタイトルの記事で、当時同社が直面していた数々の問題を端的にまとめた[3]。ところがコダックの経営陣は、この記事をありがたい警鐘とは受け止めず、七ページにわたる文字で埋めつくされた文書で一連の反論を展開した[4]。フォーブスの記事を「悪意に満ちたカバーストーリー」と断じ、詳細に反駁するものだった(わからない読者がいないようにと、わざわざ真ん中に「反論」と大書されていた)。記者が指摘した問題点は、お粗末な経営、業績悪化、新製品導入のつたなさ、低い士気、製品を外注せざるをえない状況など多岐にわたっていた。それに対するコダックの反論は「コダックの経営はお粗末ではない」とか「現在の経営は、成長や利益性という目標を達するわが社の能力について、従来のような自己満足から脱却した」など、まったく説得力のない真っ向からの否定に終始していた。低迷している企業の経営陣が使うおなじみの言い訳も見られた――不可抗力である[5]。

「悪意に満ちた」記事から二九年が経ち、二〇一二年一月、コダックは破産を申請した(その後経営再建に取り組み、二〇一三年十一月に再上場)。かつて機械音を響かせていた工場は文字どおり台無しになりつつある。二〇〇一年、コダックのブランド価値は、世界最大のブランド・コンサルティング会社インターブランドによって一四八億ドルと評価されたが、二〇〇八年にトップブランド一〇〇社のリストから脱落した。その当時のブランド価値はわずか三三億ドルだった[6]。

私がどうしても理解できなかったのは、一九八〇年に同社の未来があれほどはっきりしていたのに、何とかしようという意思がまったく見られなかったことだ。私は最近ギュンターにこうたずねてみた。変化が訪れることを身をもって感じていながら、なぜもう少し頑張って会社と戦い、もっと強力な措置をとらせようとしなかったのか、と。すると彼は驚いた表情を見せた。「ホワイトリーが意見を求めてきたから、私は意見を述べたにすぎない。その先どうするかはホワイトリーの仕事さ」。まさに典型的な科学者の発想だ。彼らはたいてい、はっきりと未来が見えているのに、変化に興味もなければ、変化のために率先して行動するだけの権限もない。なぜこの物語にそんなに詳しいのかって？　実は、ギュンターは私の父なのだ。

戦略の立案は少人数のグループによってなされることが多い。その際、組織内のほかの人々から大量の意見や情報が寄せられることはない。こうした状況は危険だ。不確実な領域を進む組織の舵取りを託された者が忘れてはならない教訓が、ここにある。来るべき変化を目にしている人たちは、組織にとって重大な決断を下す権限をもたない。彼らは技術者、科学者、データ解析者などだからだ。また、現に難しい判断を下す地位にある人たちも、予測が現実のものになれば、個人的にもキャリアの面でも大打撃をこうむるはめになる。

耳が痛い情報をあえて求める

フォードの現ＣＥＯであるアラン・ムラーリーが言うように「秘密は管理できない」。一時的優位性の環境で戦略を立てる際には、組織レベルでも個人レベルでも、反証となるやっかいな情報を得ることの重要性と価値が格段に増す。優位性から優位性へと移行できる状況では、指揮系統の上からも下からも豊富なフィードバックが流れ込んでくる。上級幹部が、自社が戦うアリーナで起こっている現実から切り離されてしまったり、自分自身の行動に関するフィードバックから守られていたりするようでは、ますます災難を呼び込んでしまう。アライアンス・ブーツのヘルス・アンド・ビューティー部門最高責任者であるアレックス・グーレイは、最近の経営会議でこの点を強調した。「悪い知らせがもっと早く届くようにするには、どうしたらいいだろうか」。彼は自社の経営陣によく考えるよう強く促した。

経営幹部がふるいにかけられていない情報を得るのは驚くほど難しい。たとえばかつて、ある電気通信プロバイダーの社員が私の講義を受講していたことがあった。彼の会社は、特にニューヨークでの通話エリアにむらがあることで知られていた。私は、上級幹部がなぜこの問題に大慌てしないのかとたずねてみた――通話が途絶えたり接続が切れたりしても彼らは怒らないのだろうか？「心配ご無用です」という答えが返ってきた。「わが社は幹部の旅行の日程や移動ルート、いつどこを訪れそうか把握しています。彼らの移動先に強く安定した信号を送れるよう万全を尽くしているのです！」。皮肉にも、上司のために接続状況を改善すべく善意で（と思いたい）努力しているスタッフは、激怒している顧客をなだめるために知るべき情報を上司から奪っていたのだ。

この件に限った話ではない。上級幹部は別の現実のなかにいる。そこでは、顧客にとっての問題や課題が経営幹部向けに薄められてしまっているのだ。

多様性も重要になりつつある。複雑で予測のつかない状況では、次の重要なアイデアがどこから出てくるかはまったくわからない。幹部チームが同質な人間ばかりだと、年齢、ジェンダー、社会経済的地位といった属性の面で多様な人材を抱えるチームとくらべ、扱う知的領域は限られてしまう。予測不能な環境における多様性は「あったらうれしい」贅沢品ではない。競争力を高めるうえでその必要性は高まる一方なのだ。

幹部チームとそれ以外の社員がもつ、さまざまなスキルを組み合わせることも重要だ。一時的優位の波の各フェーズで活躍するスキルセットを全員がもち合わせているわけではない。イノベーションや開始段階における曖昧で学ぶことの多い環境が好きな者もいる。成長フェーズで見られるように、大企業に秩序と安定をもたらすことが得意な者もいる。多くの従来型リーダーと同じく、優位性の活用に手腕を発揮する者もいる。撤退や変革をうまくこなす者もいる。各人が業務に提供できるスキルと役割を明確にすることが肝心だ。

インフォシスのクリス・ゴパラクリシュナンによれば、同社の創業者たちは、会社の揺籃期にそれぞれ異なる役割を担っていたという。ある者はマーケティングに、ある者は技術プラットフォームの構築に、ある者は営業に注力していたのである。

いずれにせよ、問題はないと否定するのをやめ、その先へ進むことが、一時的優位性とつき合うのに必要なマインドセットの一部に違いない。

ベルリッツの中核事業の再活性化

私はこれまで、いくつかの異なる場面でベルリッツと個人的にかかわってきた。事の起こりは、娘のアンと一緒にドイツ語のレッスンを受けようと決意したことだった。私は担当講師が諦め口調で言った「間に合わせの」ドイツ語を上達させたかったし、娘は話せる外国語のレパートリーに別のヨーロッパ言語を加えたがっていた。私たちは、ニュージャージー州プリンストンにあるベルリッツの教室で開かれる、週三回、一回三時間というドイツ語集中レッスンに申し込んだ。

ベルリッツがやっかいな相手だったのは間違いない。予定を組もうとはじめて電話すると、スケジュールを決めるだけだというのに、直接教室に来て予約をとらなければならないと言われた。出張が入っていたので、手続きを始められるのは三週間も先になってしまった！　ようやく娘と教室に行くと、決められたレッスンコースをいくつか提示された。どれもやたらに値段が高い。講師のチャーリー・タウンゼントのことはいたく気に入ったものの、絶えずベルリッツの方針と戦っているような気がした。チャーリーに文法を教えてほしいと頼んでも（「いいよ。だけど彼らには内緒だよ。ベルリッツ方式ではないから！」）、都合のいいスケジュールを立てようとしても、アンの学校が始まったあともレッスンを続ける方法を見つけようとしても、ベルリッツは巨大で、融通のきかない、気難しい古い組織だった。

私たちの経験は珍しいものではなかった。ベルリッツはビジネス相手としては実にやっかいだったのである。業績がそれを物語っていた。いまどきのイキのいいライバル企業の一つであるロゼッタストーンは、魅力的なイタリア人のスーパーモデルがあか抜けないアメリカ人男性に口説かれている広告をあちこちに出していた。それとくらべると、ベルリッツは何から何まで野暮ったく見えた。ロゼッタストーンはIPO（新規株式公開）の準備を進めていたが、ベルリッツは足踏みしていた。一時的優位性の観点からすると、ベルリッツは競争優位が消滅する、長く、重苦しく、致命的な時期に向かってまっしぐらに進んでいたのだ。

私がベルリッツについて戦略的な視点から考えはじめたのは、当時ブラジルで同社の事業を率いていたマルコス・ジャスタスに出会ったときだった。ジャスタスは背が高く、とても痩せており、熱意にあふれた人物だ。彼の話す英語は、ごくわずかにポルトガル語（彼の母語で、彼が流暢に使いこなせる言語の一つ）なまりがあり、興奮すると言葉が思考に追いつかなくなるようだった。つねに新しいアイデアを探しており、気に入ったものが見つかると、獰猛ともいえる力でつかみとり、決して離さない。

新たなアイデアの探求の途上、彼はコロンビア大学ビジネススクールで私が受けもつ「戦略的成長と変革を導く」という短期講座に参加した。いまでも、この講座とそこで出会った人々がブラジルでの事業再建の助けになったと言ってくれる。彼はベルリッツを外国語を教えるだけの企業として位置づけるのをやめ、高級ブランドとしてのブランディングとポジションへと方向転換した。ほかの新興経済国と同様にブラジルでも、経済ピラミッドの最上段には少数の富裕層がいると睨んだのだ。その層をターゲットにしない手はない。広告も、外国語の能力向上をうたうありふれたものから、上品に着飾った女性がベルリッツの教材を手にアウディから降りて教室に向かうというもの――またそうしたたぐいのもの――に変えた。これが功を奏した。

ブラジルでの成功がきっかけで、ジャスタスは同社のアメリカ事業の立て直しに力を貸してほしいと頼まれた。私はニュージャージー州プリンストンに近いベルリッツのオフィスに彼を訪ね、話をした。すでにこのときには、現状を否認できる段階はとうに過ぎていて、会社が問題を抱えていることを誰もが認識していた。

最初の難関は正すべき部分をあぶり出すことだった。彼は、アメリカでの外国語学習は「贅沢品」であり「必需品」ではないことを見抜いていた。彼の説明によれば、世界の大半の地域で英語がしゃべれないとキャリアアップの妨げになるので、語学教育を売り込むのは比較的容易だという。ところが、アメリカでは需要を創出しなければならない。では、どこから手をつければいいか？　ベルリッツは問い合わせ電話をかけてきた人全員の記録をつけている。調べてみると、問い合わせをしてきた一〇人のうち三人しか申し込みをしていないことがわかった。そこで手始めに、申し込まなかった人にアンケートをとってみた。回答者の意見は主に、受講料が高すぎる、レッスンのスケジュールの融通がきかなすぎる、目新しさがないといったものだった。ジャスタスは言う。「気が滅入りましたが、大きなチャンスを手にしました。やるべきことがたくさんあったのですから」

彼とそのチームは、新しいフォーマット、新しいコース、新しい受講方法、新しい授業料システムを導入することによって、費用、融通性、目新しさの問題に粘り強く取り組んだ。目標は、初心者向け基礎コースのテコ入れだ。彼は、ベルリッツ・コネクトなどの新商品で、硬直的なスケジュール条件（ほとんどは受講生ではなく講師の都合に合わせていつのまにか増えてしまったもの）を廃止した。レッスンは対面型でもインターネット経由でも可能になった。それらのレッスンは記録に残すことができた。文化面も教えるようになり、クイズが追加され、頭に入らなかったレッスンの再生も可能になった。受講料は（従来の一括前払いではなく）レッスンの回数に応じて支払えるようになった。「ベルリッツ・バーチャル・クラスルーム」も導入された。これなら、受講生が各地に散らばっていてもグループ扱いの受講料とインタラクション・コストでレッスンが受けられる。ジャスタスによると、このやり方の導入でアラビア語のレッスンが好調だという。アメリカではアラビア語のレッスンについて年に一五〇〇件ほどの問い合わせがあったのだが、居住地が離れすぎていたため、従来のベルリッツの教室型グループレッスンでは対応できなかった。受講生をインターネットでつなぐことによって、これまでは決して顧客にならなかった人々が受講を申し込むようになっている。

ジャスタスは、すでに確立されていたビジネスモデルにこだわらず、短期間で事業を立て直した。長い目で見た場合、ベルリッツの新CEOは自社を、異文化教育組織として、また顧客企業と組んで国際化対応チームをつくるグローバル教育企業として位置づけようとしている。言語を基底とするピラミッドのようなものと考えるのだ。言語の次に来るのが異文化理解、その次に同社が多様性と包括性と呼ぶものが来て、最後に海外でも通用するリーダーシップのスキルが来る。

ベルリッツは斬新なアプローチでブランドを構築している。ユーモアを使って外国語上達の効用を説いているのだ。ユーチューブで何百万回も再生された広告動画では、ドイツの沿岸警備隊員が必死の救助要請に無線で応答する。


「メーデー、メーデー、船が沈没（sinking）しそうです！」

「ハロー。こちらはドイツ沿岸警備隊」

「沈没しそうです、沈没しそうです！」

「何を……何を考えている（thinking）ですって？」


画面がぱっと切り替わり、賑やかな音楽が流れて「英語を磨きましょう」というテロップが現れ、「ベルリッツ、言葉は命を救う」というオチで終わる。

秘密は管理できない

心理学者によれば、私たちの思考プロセスにはあるバイアスが染みついているという。自分が正しいと信じていることを確証してくれる情報を求め、それに疑問を投げかける情報を拒絶するというものだ。これを確証バイアスという。組織でこれに相当するのが、万事順調だという確証を探す傾向である。戦略の新たなシナリオには、ジャスタスがベルリッツで実行したように、実際に反証を探し出すように書いてある。これは、事態が変わりつつある証拠を人々が共有し、それによって行動が引き起こされる環境をつくろうという考え方だ。組織が難局に直面しているのが明らかなら、それは比較的簡単にできるかもしれない。だが、少なくとも表面上、事がうまく運んでいる場合には、これがはるかに難しい。

見ようと思えばデータはちゃんとあるのが普通だ。すると問題は、組織内の誰が、権力を握る人々の目をそうしたデータに向けさせるだけの威信と影響力をもつかということになる。それを実現する方法はいくつかある。まずはトップダウン方式だ。この場合、強いCEOが意思決定の権限をもつ。戦略の変化の結果、ほかの上級幹部が個人的に難局に直面したりリスクを負ったりするなら、これが唯一の方法ということが多い。私の友人のコンサルタントが、これまで手がけたなかで最悪のプロジェクトについて話してくれた――偶然にもデジタル時代の到来に立ち会うことになった電気通信会社の事例だ。この会社は、どうすれば時代に取り残されずにすむかを考えるために援助を求めてきたという。彼のコンサルティング・チームは、ベライゾンがその後進めた戦略――光ファイバーネットワーク・サービス（ＦｉＯＳ）型のシナリオ――に似た案を勧めた。だが、会社の上級幹部三〇人を相手にこの提案をプレゼンしなければならなかった。友人はこう説明してくれた。「私たちが設計した新組織には幹部は四人しかいらない。だとすれば、二六人の幹部に自分の失職を認めてもらわなければならないだろう？　最初から成功の見込みはなかったんだ」。ベライゾンのサイデンバーグと違い、同社のＣＥＯは「総意尊重型」の人物だった。この会社に欠けていたのは、新たな戦略を推進するCEOだったのだ。ついでに述べておくと、同社はその後やってきた電気通信業界の合併の波に飲まれて消滅し、コンサルティング・チームが提案した荒療治的な変革に反対した上級幹部はいずれにせよ職を失ったのである。

第二の方法は、部内者、部外者、あるいは両者混合のグループに権限を与えることである。このグループの主要な目的は、証拠を集めてふるいにかけ、得られた知見を会社の意思決定者にフィードバックすることだ。医療機器メーカーに勤める友人が経験談を聞かせてくれた。彼の会社は最近、自社のビジネスモデルをどう打破するかを検討するために、破壊分析グループなるものを立ち上げたばかりだという。このグループは一つの組織になっており、主力業務とは別の予算がついている。つまり、専用の財源をもった独立したグループなのだ。

早期警報を見つけるために専門家を使うのもいい。敬愛する同僚のダグ・スミスは、大成功を収めたあとにとんでもない過ちを犯す企業について調べている専門家だ（ゼロックスに関する彼の優れた著書『取り逃がした未来』は必読(7)）。私は、優位性の消滅に直面している企業で意思決定権をもつ人々に、彼だったらどんな打開策を示すかとたずねてみた。彼は少し考えてから、企業は優位性の源泉がどれくらい持続するかについて専門家と具体的に話し合うべきだと答えた。彼は言う。「私だったら、自社で新しい経営管理プロセスを始めるかもしれない――『持続する優位性の評価』というプロセスを。それを構築したらほかのプロセスとは別扱いする。特別な光をあてる必要があるからね」。それから専門家を招いて会議を開き、既存の優位性がいかにして衰えるかを、お金を払ってしっかり説明してもらうべきだと指摘した。

生死にかかわる情報を明らかにするさらなる方法は、内部のネットワークと協力することだ。アメリカ人のトム・ロイは一時、フランスのミシュランで人事担当上級役員という要職に就いていたことがあった。情報を周知徹底する彼のやり方は「ステルス方式」とでも言うほかない。とにかく粘り強いのだ。彼はこう述べる。「トップが私の言うことを聞いてくれなかったので、そのすぐ下のレベルの人たちにあたりました。五人のうち二人は話を聞いてくれるものです。その人たちと一緒に机上戦を進めました。それは一日がかりの洗脳セッションであり、ロールプレイングを通じて、他人がもっている戦略が彼らの息の根を止めることを理解してもらおうとしました」。最終的に、机上戦の経験という仮想現実《バーチャルリアリティー》を通じて、経営陣は潜在的な問題の存在を否定しなくなり、問題への対処に力を入れるようになった。

私自身も、企業相手の仕事で、これまで挙げたあらゆる手法の変種を用いてきた。なかでも興味深い事例の一つが、アクサ・エクイタブルのエイドリエン・ジョンソン・ガイダーと協力したときのものだ。私たちは社外に上級幹部チームをつくり、昔では考えられなかった競合他社がどうやって中核事業を攻撃してくるかを、ロールプレイングによって理解した。このオフサイトミーティングのおかげで、新たな形の協働のアイデアがいくつか生まれ、早期警報に対する意識がいっそう高まった。ある幹部が私に語ったように、この種の会議の価値は「それについて考えていた人にとって、最初は明確でなかった知見が得られたということではありません。そうではなく、賛成してもらう必要のある多くの人々が、なすべきことに関する共通の理解をもってその場を後にしたということなのです」。

「正確だが遅い」より「正確さはそこそこだが迅速」

優位性が一時的なものでしかないアリーナでは、時間の役割はきわめて大きい。優位性は長続きするという想定がなくなると、すばやく動かなければという組織の切迫感は高まる。意思決定が遅ければ、その代償は莫大なものとなりかねない。マクミランと私は、このことを証明しようと思考実験を行なった。マクミランは「ベアボーンの」正味現在価値（NPV）計算機という表計算ソフトを開発した。基本的には、これに競争優位の波にかかわる数値を入力すればいい。入力すべき重要なデータは、「開始」と「成長」フェーズにいくらかかるか、「活用」による収益はいくらか、優位性はどれくらい持続するかといったことだ。続いて、クライアント企業が承認を得ようとしていた新たなベンチャー事業で実験を行なった。上級経営陣がそのプロジェクトを進めるべきか否かの決定を六カ月先延ばしすると、プロジェクトのライフサイクル全体の総価値が一二〇〇万ドルも下がることがわかった。経営陣の優柔不断による代償は大きいのだ。

スピードの必要性は、コーポレート・ガバナンス（企業統治）にとっての難題に突きあたる。たいていの大企業の取締役会は、当然ながらスピード感に欠ける。コロンビア大学の同僚ビル・クレッパーは取締役会の研究をしている(8)。取締役会による監督と調停のタイミングについて彼にたずねてみた。クレッパーによれば、企業が年に三回以上、取締役会の調停を求めると、取締役会のメンバーになろうという人々の意欲はぐっと下がるという。これは深刻な問題を招く。市場の競争のリズムがガバナンスのリズムよりずっと速いと、その結果生じる障害によって重要な意思決定が遅れるおそれがある。

荒涼としたアリーナで戦うには、戦略上の意思決定権を組織全体に広く分散する必要がある。最前線の動きはきわめて速いため、上層部の意思決定者と大量の情報をやりとりしている暇はない。そんなことをしていたらチャンスを逃してしまう。これはもちろん、戦略「立案」派ではなく「出たとこ勝負で学習」派が長年主張していることだ。ここでの難題は、戦略が複数のアリーナにまたがるとき、戦略の一貫性をどう保つかである。それぞれのアリーナに、いくぶん異なる方法で生み出されたそれぞれの競争優位があるかもしれないからだ。

私をはじめ多くの人々の研究からわかっているのは、ここが共通の価値観や企業文化の出番だということだ。[9] やってよいことと悪いことの視点が共有されていれば、行き違いが生じる可能性ははるかに低くなる。だがここにジレンマがある。共通の文化やフレームワークを築くには、組織とそこに属する人員（およびそれ以外の資産）のあいだで継続的な交流が必要になるのだ。こうした絆はますます細りつつある。戦略の立案・実行や企業の能力が特定の人々との結びつきを強めていると思うなら、そうした人々を関与させつづけることを戦略の要とする必要がある。

プロトタイプから学ぶ

成功を収めた起業家であり、名著『リーン・スタートアップ』の著者でもあるエリック・リースによると、未来の勝者と敗者を分かつのは、アイデアの質でもなければ、実行力ですらなく、自分たちの活動を状況にすばやく適応させる能力だという。[10] その秘訣は、彼が「継続的デプロイ」と称する実践にあるそうだ。継続的デプロイにおいて、組織はうまく機能していないものを大急ぎで見つけ、機能しそうなものにすばやく移動する。最近までコンサルティング会社ＩＤＥＯのニューヨーク支社長を務めていたライアン・ジャコビーは、同様のプロセスの熱烈な支持者だ。最近、私の講義に招いたとき彼はこう話してくれた。「プロトタイプは壊されるためにつくられます。壊すのが早ければ早いほど、よりよい答えに早くたどり着けるのです」

根本的な問題は、新しいことを試しているときには、要素を正確にどう配置すれば勝利に結びつくのかが、すぐにはわからないことだ。したがって、実験、試行錯誤学習、発見が、カギを握る実践になる。ところが残念ながら、企業は往々にして、まるで実際以上に堅実な事業を運営しているかのように、新たな事業計画を立てようとする。私は同僚とともに、仮説指向型思考に関する著作でこの問題について詳しく論じてきたが、ここでも触れておきたい。プロセスのこの段階では、将来を予見できるなどと思わず、繰り返しがかなり多くなることを覚悟しておくべきだ。[11]「予測」「見積もり」「目標」という単語は使用禁止。かわりに「仮説」「フィードバック」「チェックポイント」「一里塚」といった単語を使おう。マーケティングのコンセプトを練っているうちは、痛手の少ない知的な失敗をできるだけ早く犯しておいたほうがいい。

優れた起業家はたいていそうするものだ。ドクタージョンズ・プロダクトの代表的商品であるスピンブラシ——普通の歯ブラシと値段はあまり変わらないが、はるかに高価な電動歯ブラシの機能を備えた製品――のデザインを説明する際、同社の創業者であるジョン・オッシャーは断続的な適応プロセスについて語る。製品のコンセプトから試作モデル、プロトタイプ、テスト可能な段階へと、プロセスが進んでいく様子を説明してくれるのだ。使用後二週間するとブラシの毛先が横に寝てしまうことがわかったため、彼はヘッドを回転式ではなく往復振動式にした。この種の発見は、プロトタイプをつくらなければどう頑張っても得られるものではない[12]。

市場が本当に求めているヒット商品を手にしたと確信できてはじめて、事業の拡大を考えるべきだ。そのすばらしい瞬間が到来したら、競合他社の対抗策や消費者の選択に応じて商品をどう進化させていくかを考えるのがいい。たとえばアップルでは、若手デザイナーは自分のデザインが第二世代、第三世代とどう進化していくかを、実寸大の模型で示さなければならない。彼らは一瞬のイノベーションではなく、次なる成長へ向けて準備のできたイノベーションを起こすための経路をもっている。旅行鞄メーカーのトゥミも似たような開発の手順を踏んでいる。ビジネス旅行者の次なる要望を見越して手を打ち、自社製品が提供する価値のポイントを絶えず更新しているのだ。ここでの考え方は、手間暇かけて顧客理解を深めておけば、イノベーションを進める際にそれを活用したくなるということだ。

有能な人材とリーダーシップ開発への投資

これまで述べたことはすべて、未来の組織でリーダーがどう選ばれ、訓練を受け、育成され、配置されるかについて大きな意味をもっている。まず第一に、企業はもはや、優位性を活用する段階でしか能力を発揮できないリーダーを昇格させるべきではない。あらゆる段階で誰もが同じように有能ということはないにしても、重大な転換点で組織が有効に対応できるように、リーダーが各段階で必要なものに精通していることはきわめて重要だ。リーダーはまた、訓練を積んで、いい意味で病的なほどの疑い深さを身につける必要がある。耳に心地よくても、道を誤らせる、現状を粉飾する情報を探すのではなく、市場や自社の優位性が変化している証拠を絶えず追い求めるのだ。

第2章で紹介したクリス・ゴパラクリシュナンの「学習能力」という概念は、企業の人的資源の構成において、主として既存のスキルによる雇用から、新しいスキルを獲得する能力による雇用へと重心を移すものだ。一時的優位性の世界では、どんな人材が必要になるかがつねにわかるとは限らないため、いまいる人材を再構成できればとても助かるのだ。

企業のリーダーシップを拡大できれば、優位性から優位性へ移行する能力を大きく伸ばせる可能性が高い。だとすれば、リーダーシップ開発に積極的に投資すべきである。組織が有能な人材をつなぎとめておきたいならなおさらだ。例外的成長企業では、リーダーがつねに需要の一歩先をいけるよう多大な投資がなされている。リーダーシップの開発はまた、状況が変わっても戦略の一貫性を維持できる価値観を養成する。

たとえばインフォシスのリーダー育成の哲学は「会社はキャンパス、事業はカリキュラム、リーダーは教師」である。上級幹部は次世代のリーダー教育を個人的な責務とみなしている。

崖っぷちの経営――アルコアの事例

一時的優位性の環境では、こんな現実もある。企業が戦略の新たなシナリオをおおよそ正しく実行しても、予測不能で移ろいやすい世界では、ときに衰退してしまうこともありうる。かつての優位性から新しい優位性への移行が困難を極める場合があり、企業はそれをやり遂げるのに苦労することも多い。だとすれば、問題を抱えているとかミスを犯したといったことでリーダーを裁かずに、会社を立て直し、競争優位の次なるフェーズに移れるよう再点火するのにどう役立ったかで判断すべきだ。セメックスの例でも触れたように、企業の正しい行ないの多くが、たった一つの過ちのせいで、世間から白い目で見られてしまうのはやりきれない。したがって、中核事業の低迷に苦しむ企業がどう復活したかを理解するのは役に立つ。

クラウス・クラインフェルトはカリスマ的（で相手を疲れさせる）で、エネルギーに満ちあふれた人物だ。はじめて彼に会ったのは、マイクロソフトが毎年主催するCEOサミットでのことだった。当時、彼はドイツの巨大企業シーメンスの南北アメリカ部門のトップを務めていた。その後シーメンスと袂《たもと》を分かち、アルミメーカー大手アルコアの社長兼COOに就任した。翌二〇〇八年五月には、社長兼CEOに昇格した。それからほんの数カ月後に試練が待ち受けているなどとは、誰が予測できただろう。

はっきりさせておきたいのだが、クラインフェルトが入社した当時、アルコアの経営陣は決して無能ではなかった。アラン・ベルダCEOは尊敬を集めるリーダーであり、ベルダの前任者のポール・オニールは「伝説的」と評される人物だ。(13) アルコアは「最優秀経営企業」に何度も選出され、安全などの分野でのイノベーションは広く称賛されてきた。実際、ニューヨークのレバーハウスにある美しいオフィス――砂だらけのボーキサイト鉱山とはかけ離れた場所――でさえ、ひとたび中に入ると安全タグをつけられ、安全な経路を教えてもらえるのだ。

クラインフェルトが新任CEOとして仕事に慣れる時間はあまりなかった。世界的な不況のせいでアルミ価格がほぼ一夜にして暴落したためだ。彼はこう回想する。「不況が襲ったときは、まるで悪夢でした。国際取引におけるアルミ価格の下落幅は五〇%を超え、取引先は商品の需要がなくなったからと次々に注文をキャンセルしてきたのです。二〇〇八年夏、アルミ価格は三二〇〇ドル前後でした。それが翌年一月には一一〇〇ドルに下がりました。まるで事業の底が抜けてしまったかのようでした。こんな短期間にコストを調整することは不可能です。本当に深刻な事態だと肌で感じました」

振り返ってみれば、アルコアは「アルミが高値で推移していればこそやってこられた」のだと、クラインフェルトは結論を下した。彼はこの暴落を行動を起こすきっかけだと考え、経営陣をニューヨーク・オフィスに集めると、二日間にわたって社内にも非公開の緊急会議を催した。初日は事業の現状把握に努めた。これは楽しい作業ではなかった。どのプレゼンでも顧客企業の厳しい現実が詳細に報告された。操業を停止する企業もあれば、支払いに陥っている企業もあった。エンドマーケットの多くで、顧客企業の成長は停滞したりマイナスになったりしていた。さらに、アルミ価格の情け容赦ない暴落のせいで、アルコアの各事業から手元資金が湯水のように流出していた。結局、出席者全員が心身ともに疲れきった状態で初日は終了した。クラインフェルトはこう回想する。「全員、わが社は完全に壁に突きあたったと思っていました」

二日目、緊張がピークに達し、大半の出席者はじっと座っていられないほどだった。恐怖と不安が充満する雰囲気のなか、クラインフェルトは「ホワイトボードをもち込み、ドアを閉め、『この手元資金危機を乗りきる方法を考え出すまでは、誰もここから出さない』と宣言しました」。出席者はまず、危機を乗り越えるには手元資金がいくら必要かを精査した。それから、クラインフェルトはマーカーを手に部屋の前方に立つと、問題から解決策へと議論を進めた。彼がホワイトボードに思いつくかぎりの可能な施策を書き出すと、アイデアが次々と出はじめた。子会社の売却は？　サプライヤーや調達資材の取引条件も変えられるのでは？　間接費の削減、賃金凍結、製錬所の縮小という手もある。あらゆる選択肢が出そろった。

前進するための方法が徐々に姿を現しはじめた。二日目の夜遅くに、出席者たちは事業運営を再編・再設計するための七大施策をまとめた。カギは説明責任《アカウンタビリティ》だった。クラインフェルトは言う。「経営陣の全員が追加的な役割を引き受けることに決めました。彼らには『本業』がありますが、この緊急事態に際して経営幹部が各々一つの役割しか果たさないという贅沢は許されません。各メンバーに、のちに手元資金維持プログラムとして知られるようになる事業で特定の施策を担当してもらいました。また、次世代の幹部も施策担当に任命し、脚光を浴びる機会を与えたのです」。やや意外だが、出席者たちは直面している事の大きさに怖気づくどころか、「やる気満々」だったとクラインフェルトは言う。アルコアはこの危機をきっかけに、劇的な変革とたゆみない改善を進め、以前よりも強い会社になるチャンスを手にしたのだと思うと、エネルギーが湧いてきたのだ。

これだけでは盛り上がりに欠けるとでもいうように、この話には意外なもうひと波乱があった。当時、海外一次製品部という社内最大の事業部門のCFOだったケビン・アントンが、帰宅のための最終便に遅れないよう、会議を早退して空港に向かっていた。ノースカロライナ州シャーロット行きのUSエアウェイズの便に乗るためだ。正常フライトを続けて三分ほど過ぎたところで、飛行機は鳥の群れにぶつかってエンジンが停止してしまった。そして、のちに「ハドソン川の奇跡」と呼ばれる出来事が起きた。チェズレイ・B・〝サリー〟・サレンバーガー機長がハドソン川に不時着し、乗員・乗客一五五人の命を救ったのだ。話はアルコアの会議室に戻る。会議に残っていた面々が沈むのが早くなった冬の夕陽を眺めていると、航空機が凍てつく川に落ちたという知らせが飛び込んできた。クラインフェルトはのちにこう語っている。「みな驚いて、ニュースを見ようと部屋から飛び出しました」。テレビでニュースを見ていると、アントンから電話があって無事を知らされた。会社はアントンのために飛行機を手配し、当然ながらひどく動揺していた妻と二人の息子のもとに、その日のうちに彼を帰した。面白いことに、アントンがあとで言うには、飛行機が下降していたときに真っ先に頭に浮かんだのは、機体重量の八五％はアルコアのアルミでできているという事実だったという。「アルミがこんなに丈夫なものだとは、私は本当についているな！」とはアントンの弁だ。

九カ月後、アントンは自分のブリーフケースと再会を果たした。川に沈んだ飛行機に置き去りになっていたのだ。なかには、会議の仲間がホワイトボードに手書きした案のプリントアウトが入っていた。ハドソン川に長いこと浸かっていたせいで、水でにじんでいた。アントンが額装したそれは、いまでも同社のオフィスに飾られている。

話をもとに戻そう。会議の出席者は、最初のうちは難しすぎるとか極端すぎるという理由で却下していたアイデアをふたたび取り上げた。たとえば、同社の精錬所でアルミを製造する電解プロセスに欠かせない原材料に、か焼《しょう》コークスがある。アルコアはそれまで高品質のコークスを購入していた。低品質のコークスよりもかなり高価なものだった。低品質のコークスを利用しようという過去の試みは、惨憺たる失敗に終わっていた。生産がきわめて不安定になってしまったのだ。これは精錬所の作業員が以前から予測していたことで、それが実証された格好だ。彼らの言わんとしているところは明確だった。「購買部門も技術部門の専門家も電解槽室の現実を何もわかっていなかった」

この危機のおかげで、現場スタッフと技術部門が期せずして結束することになった。会社が危機を乗りきれなければ製錬所が閉鎖されるという可能性が、現実味を帯びてきたからだ。クラインフェルトは言う。「電解槽室の作業員にとって、これは購買部門と技術部門による机上のアイデアと考えられていました。同時に彼らは、この『突飛なアイデア』が実際にうまくいけば、コストが大幅に削減されて製錬所は閉鎖を免れることもわかっていました。脅威が眼前に迫ったからこそ、彼らはこのアイデアを受け入れ、専門家に協力し、大成功を収めたのです。そして、世界中の製錬作業に対してコスト削減の新基準を設定しました」。このとき製錬所の作業員は、購買部門や技術部門の人々とともに働かせてほしいと訴え、それを実現した。最初の試行プロジェクトが成功すると、クラインフェルトは世界中の五万九〇〇〇人の全従業員に送る四半期レターでこの合同チームの偉業を称えた。そして、現在の仕事のやり方を見直すようにすべての従業員に呼びかけた。会社の技術センターが生み出すイノベーションを応用し、そうするためのチームで働くことによって、コストを削減して手元資金を残すためだ。

散々な敗北に立ち向かう際、誰よりも気が重いのはCEOだ。どの経営幹部も結局は失意の日々を送ることになるとはいえ、どんなに悲惨なときでもCEOが自信のない様子を見せるわけにはいかない。クラインフェルトに試練が訪れたのは、経済危機という最悪の時期に、追加株式売出によって資金を集める必要があるとわかったときだった。こんな時期に資金を調達しようとする度胸のある者はいない。ひどい目に遭いながら二日間で二〇〇人超の投資家と立てつづけに会ったときは「さすがにこたえて、少し落胆しました。というのも、投資家からは繰り返し『その約束は前にも前任者から聞きました。いまさら信じろとでも?』と言われていたからです。そこで、手元資金維持プログラムの七つの施策を説明する際、彼らの言葉を拝借して自信のほどを示しました。つまり、わが社の出資者に対する『七つの約束』と表現したのです。結果的に、かなり低いコストで、目標額の一〇億ドルを上回る一四億ドルを調達できました。その資金で、プログラムを実行に移す時間を過ごすための休憩スペースをしつらえました」。

手元資金維持プログラムが最終的に成功を収めたおかげで、アルコアはもたもたして流動性に劣る競合他社に対して長期的な競争優位を手にした。クラインフェルトが言うように、不況時に手元資金があれば、安定期にはありえないチャンスを活用できる。この成功はまた、同社の事業運営に抜本的で積極的な変革をもたらした。現在、このプログラムは目標額を超えて、購買部門で二六億ドル、間接費で五億九〇〇〇万ドルのコスト削減を達成している。資本投資の要件も減らした。運転資金に回してきた金額も削減した。伸び悩む事業の売却後、残っている同社事業の九割以上は市場で一位か二位を占めている。

成長エンジンに再点火する

危機に陥っているあいだも、アルコアは未来を、とりわけ成長地域を見据えていた。中国とロシアで近代化プロジェクトを完成させたのに加え、経済危機が襲ったときにまだ七割しか終わっていなかったブラジルの鉱山と精製所の建設を継続した。キャッシュ・ポジションが改善すると、同社は強気に出た。サウジアラビアと合弁事業の契約を結び、世界でもっとも低コストのアルミ製造総合施設を建設したのだ。鉱山、精製所、製錬所、圧延工場までを含むこのプロジェクトを、クラインフェルトは「わが社の上流と中流の事業のあらゆる領域において、企業競争力を高める千載一遇のチャンス」と称した。

「ブラジル、ロシア、中国の投資プロジェクトを完成させることは、わが社にとって社内向けの強力なシグナルでした。つまり、かつてないほどの力をつけて危機を脱するつもりであることを示していたのです」とクラインフェルトは語る。「次にサウジアラビアとの共同事業は、やる気を高めるためのカンフル剤でした。わが社は本当に成功したのだ、と」。クラインフェルトによれば「コストに目を向けているだけでは、企業をうまく変えることはできません。絶えず成長を指針とする必要もあるのです。人間は、自分が大きな土台の一部であると感じ、いっそう輝かしい未来を思い描くことによって苦しい時期を戦い抜くモチベーションを得て、はじめて情熱を傾けられます。成長という考えそのものが、従業員はもちろん、投資家をはじめとするステークホルダーの気持ちにとって重要な意味をもっています。だからこそ、人はこうしたひどい失望を乗り越え、影響を与えられるものに集中するのです。そのおかげで、躊躇なく難しい決断を下す自信をもてるのです」

二年にわたる深刻な危機からの脱出劇を振り返って、ある経営幹部は手元資金維持プログラムについてこう語った。「荒れ狂う不況の嵐のなか、われわれは船が沈まないようにしていただけではありません。はるかに頑丈な別の船をつくったのです」

異なるマインドセット

変化の激しい優位性という難題に対処するには、より安定した時代とは異なる組織の想定とリーダーのマインドセットが必要だ。本当の情報を探し出し、悪いニュースに対峙し、適切な対策をとる能力と意欲がきわめて重要になる。コダックとは異なり、ベルリッツやアルコアのリーダーは、繁栄を維持したければ、大手の老舗企業といえどもビジネスモデルを変えなければならいことを理解していた。学習能力の原則が強調するのは、社員が何をすることになるかが正確にわからなくても、人材への投資を継続すべきだということだ。また、既存の想定を裏づける好意的なニュースだけを探す傾向と戦うことも重要になる。

本書の大半で私が焦点をあててきたのは、特定の優位性が一時的なものにすぎない場合でも、企業が競争力を失わずに健全でいるにはどうすればいいかということだった。だが、私の頭のなかで依然として解決していない大きな一連の問題がある。それは、こうしたあらゆる競争が人々におよぼす影響と深くかかわっている。私たちを取り囲む社会経済システム——医療や退職金の配分から教育や就職準備にいたるまで——には、組織とは寿命の長いものであり、その優位性は持続するという想定が染みついている。一時的優位性の経済が現われれば、これらの想定を一から考え直さなければならなくなる。次章では、一時的優位性が人々にとってどんな意味をもつかを検討してみたい。

第7章

シナリオ6

あなた個人への影響について考える

ここまで本書の大半を割いて、戦略にとって、企業の選択にとって、また組織の運営法にとって、一時的優位性がどんな意味をもつかを説明してきた。本章では視点を変え、こうしたあらゆる事態が個々の人々にとって何を意味するかを考えていきたい。持続する優位性の世界では、実際にキャリアパスを描けたし、会社にもそれなりに長く雇ってもらうことが期待できた。ところが、これまで述べてきたように、一時的優位性の世界におけるキャリア、映画制作、オリンピックの開催、政治運動への参加にたとえるほうがふさわしい——組織そのものが、競争上のニーズに応じて生まれ、消え、変化するのだ。労働統計局の発表によれば、企業は非正規雇用を増やしている。小売りをはじめとするいくつかの業界で、雇用者/被雇用者の関係が一変してしまった。かつて労働者はほとんど正社員だったが、いまや大半が非正規雇用で労働時間もまちまちだ。[1] 一時的優位性という概念は個人にもあてはまる。企業がもはや通用しない優位性にいつまでもしがみついていれば、必ずやしっぺ返しを食らうように、個人も、ある時点で価値のあったスキルがいつまでも豊かで上質な人生を保証してくれると思ってはならない。そこで、一時的優位性の世界において、個人の人生の見通しについてどう考えるべきかを見ていこう（表7－1）。

優位性の波を乗りこなす人材

一時的優位性の時代のやや意外な帰結は、組織が次々にやってくる優位性の波を乗りきるのに役立つスキルや能力をもつ人材が、組織の内外を問わず、かつてなく優遇されるようになりつつ

表7-1　戦略の新たなシナリオ——個人レベルで考える

旧	新
組織の体制	個人のスキル
安定したキャリアパス	一時的な仕事の連続
階層制とチーム	個々のスーパースター
転職は稀	キャリアアップのための絶え間ない転職
組織がキャリアを決める	個人がキャリアを決める

あることだ。以前の世代であれば、こうした人材は組織内で育てられ、力をつけていたため、ほかの組織では（ほかの条件が同じなら）価値が落ちたはずだ。彼らの才能は特定の企業の経営に組み込まれていたからだ。

皮肉にも、企業を資産の所有という束縛から永遠に解放しようとする圧力そのものが、新たな形の依存を生み出した。いまや企業は、新たな優位性を創造するのに役立つ貴重な知識、スキル、コネをもっている人材に世話になる立場だ。実際、こうした能力をもつ人材であれば、個人レベルの競争優位は、それがつねに役立つ特定の組織構造とは無関係に維持される。

戦略家仲間のアニタ・マクガーハンは、戦略立案の仕事を始めたころは業界とその変化に目を向けていた[2]。ところが最近は考えを改め、競争優位は個人レベルでしか理解できないのではないかとまで考えている。彼女はこんな話をしてくれた。「ウォール・ストリートのある建物のあるフロアに、信託業を営む会社が入っています。信託された有価証券を保有しているのだけど、そこの業務は二五年間まったく変わっていません。同じ人たちが同じ仕事をしていて、彼らは現在にいたるまでその会社で通常の出世コースからはずれたこともない。一方でこの会社は、バンク・オブ・ニューヨーク、シティグループ、ＪＰモルガン・チェースといったそうそうたる企業五、六社と提携してきたんです」。言い換えれば、ここで働く人々は、自分たちの給料を生み出す優位性を組織に用意してもらおうとはしていない。むしろ、組織のほうが彼らに頼っている。さもなければ、組織は戦えないのだ。

アニタはこう語る。「こんなふうに考えはじめると、競争優位に関する見方も変わります。競争優位を支える資源は、ますます人間関係に埋め込まれるようになっている。人々は知識を備え、資源の埋め込まれた人間関係をもち、こうした資産を管理するコツを熟知している。こうした関係性は、これらの資源を所有する企業よりもはるかに長続きする。彼らは自分が属するコミュニティー内で、これらの資源から価値を引き出す方法を見つける専門家になる。こうした価値は、ときには給与やストックオプションを通じて、またときには魅力的なＭ＆Ａを通じて実現される。私たちは誤ったレベルの分析をしていたんです」

個人の資産は組織の資産よりモノを言う

一時的優位性が意味するのは、一部の従業員、一部の恵まれた投資家、一部の請負業者、その他の関係者が、基盤とする組織の成功とは不釣り合いな恩恵を企業収益から受けるということだ。さらにアニタが指摘するように、従業員がキャリアを重ねるなかで築く「資産」は、多くの企業資産よりもよほど長持ちするし、価値も高い。シリコンバレーでは周知のことだが、転職は軋轢《あつれき》を生むようなものではない。「転職しても通勤の相乗り仲間を変えずにすんだ」という話は珍しくない。言い換えれば、企業ではなく個人に、ある種の永続的な競争優位があって、彼らはそれに対して報酬をもらっているのである。

　興味深い統計がある。フォーチュン500企業の業績を分析すると、二〇一〇年のこの大企業グループの売上高利益率は四・七％だったという（二〇〇九年は前年度から一％増の四％）[3]。国勢調査局によれば、アメリカの賃金の中央値は一人あたり四万四四一〇ドルだった。そこで、これを基本的な売上原価に見立てて計算すると「売上高利益率」に似た興味深い数字がいくつか手に入る。国勢調査局によれば、二〇一〇年、アメリカ企業のＣＥＯ（多数の中小企業のＣＥＯも含む）の平均報酬は二〇万四六五〇ドル。利益率を計算してみると七八・二％になる。スタンダード・アンド・プアーズ（Ｓ＆Ｐ）５００のＣＥＯの平均報酬は一一三五万八四四五ドル（アメリカ労働総同盟産業別組合会議の計算による）で、この場合の利益率は九九・六％になる[4]。大手コンサルティング企業のシニアパートナーは一〇〇万ドルを超える報酬をもらっているのが普通だ。実業界きっての大物が講演するとなれば、その講演料は一回につき五万ドル以上である。こうした例は枚挙にいとまがない。

　私は、ここに挙げた数字はどれも相応の意味があると言いたいわけでも、ＣＥＯの報酬をめぐる議論に加わりたいわけでもない。とはいえはっきりしているのは、優位性が持続しない環境では多くの個人が、たとえ所属する組織が次々に変わろうとも、実際に大成功を収めるチャンスを手にしているということである。

個人の成功の秘訣は変わった

本書は、戦略という概念について考えを改めなければならないという主張から始まった。戦略の最終目標は持続する競争優位を獲得することだと、これまでは当然のようにみなされてきた。だが、個々の優位性が現れては消える昨今、優位性は永遠に、あるいは少なくとも長期にわたって維持できると信じることをやめ、一時的優位性について本気で考える時期が来ている。このような状況下でとれる最善の組織戦略は、大規模な組織再編や人員削減ではなく、事業の再編を促すことだ。撤退の手腕を身につけることが必要不可欠になる。資源配分プロセスを統制し、組織内で力をもつ既得権者から支配権を奪い取ることが重要だ。組織的なイノベーションはもはや避けられない。成功を収める経営者やリーダーは、みずからの事業にいままでとは異なるマインドセットをもたらす。それは、率直さを旨とし、悪い知らせに直面するのを恐れないマインドセットだ。その結果、個人の成功の秘訣も書き直されつつある。

少なくとも大半の欧米諸国では、何十年にもわたり、オーソドックスな成功の秘訣が広く受け入れられてきた。一般的には、勤勉、教育やスキルへの投資、善良な雇用主への献身が立身出世の術だと考えられてきた。同様に、雇用主も父親的な役割を担っていた。昇進と能力開発の機会を与えることに加え、健康保険や確定給付型年金といった従来型の福祉が経済的な不安定さを緩和してくれていた。

こうした旧態依然とした企業の多くは、消滅したり他企業に飲み込まれたりといった道をたどった。たとえばＩＢＭのようにいまも残っている企業は、経営方針を一八〇度転換してきた。退職リスクなどの多くのリスクは、かつては法的に定められた義務として会社が引き受けていたが、いまでは個人が負担している。例外的成長企業をはじめとする並外れた企業は、終身雇用や雇用安定化の手段を提供しつづけているものの、例外的企業であるという事実そのものが、もはや一般的な話ではないことを示している。

従来のキャリアパスを追い求めている人にとって、多くの場合、こうした変化の行く末は悲惨なものだった。数十年をへた現在、一つの帰結は収入格差の絶え間ない拡大だ。[5]上層にいる一握りの人々にとってはいい知らせだと思う向きもあるかもしれないが、格差が広がると成長は全体的に鈍り、誰にとってもチャンスが減る。比較的恵まれた境遇にある人にとっても同じことだ。[6]

一時的優位性に取り組む企業が安価な資源を海外で見つけるため、欧米経済はすっかり空洞化した。さらに、競争に対する障壁が崩壊したせいで、それが生み出していたコストの余裕もなくなり、雇用主は従業員をいたわるゆとりがなくなった。低コストの競合他社の脅威にさらされ、企業は何年ものあいだ退却を続けている。一時的優位性の世界では、企業がつなぎとめておこうとする従業員は、経営陣が会社の将来になくてはならないと考える人材だけだ。

一つの取りうる道は、キャリアパスはおおむね一直線だという考えをきっぱり捨て去ることだ。何もかもが曖昧で不確かな状況では、どのスキルに価値が出てくるか、どのコネがいちばん大事か、いずれかかわるビジネスモデルはどのようなものかなど、どれ一つとしてはっきりしない。ファスト・カンパニー誌が報じてきたとおり、ますます多くの人々のキャリアにとって「変動」が基準となる。(7) ふと気がつくと、出世のはしごを上っているのではなく、仕事から仕事へと渡り歩いている。たいていは水平方向の転職だ。おまけに、そうしたチャンスを生み出す組織そのものが明日をも知れぬ存在なのである。

あなたは新しい時代に対応できるか？

私は、競争優位は衰えるものだと覚悟を決めるよう企業に勧めている。個人にも同じように、腹を固め、そのつもりでキャリアを計画するよう勧めたい。要するに、現実的に見てキャリア・マネジメントに終わりはないということだ。企業が次なる優位性の波を発見すべく投資しなければならないように、個人も自身のスキルを維持し、必要とされる存在でありつづけ、自分の価値を他人に売り込むための輝かしい業績の物語を生み出すべく投資する必要がある。つねに次の職を探しているのだと考えて準備を整えていれば、しかるべき宿題を怠っていたところに不意打ちを食らう可能性はずっと低くなる。

そこで、一時的優位性の観点から自身のキャリアについて考えてみてはどうだろうか？　まずは診断から始めよう。表7―2の自己評価テストをやってみてほしい。質問に対する答えが「いいえ」であれば、それが潜在的な弱みを抱える領域であり、その克服を考えるべき場所だ。五つ以上「いいえ」があれば即行動！　本章の残りを使って、一時的優位性に関する自己戦略の立案

表7－2　一時的優位性に対応できるか？　自己評価テスト

	質問	答え
Q1	いまの会社を解雇されても、同等の報酬で別の組織に同じような職を見つけるのは比較的簡単だ。	はい／いいえ
Q2	今日職を失っても準備は十分できており、次に何をすべきかはすぐにわかる。	はい／いいえ
Q3	過去２年以内に、５つ以上の組織で有用な役割（人事、コンサルティング、ボランティア、提携）を担って働いたことがある。	はい／いいえ
Q4	過去２年間に、業務に関係あるかないかにかかわらず、以前はもっていなかった有用な新しいスキルを身につけた。	はい／いいえ
Q5	過去２年間に、直接あるいはインターネットを通じて、講座や研修プログラムに参加したことがある。	はい／いいえ
Q6	新たなチャンスをもたらしてくれそうな人の名前を最低10人はすぐに挙げられる。	はい／いいえ
Q7	仕事上またはプライベートの２つ以上のネットワークに積極的にかかわっている。	はい／いいえ
Q8	新たなチャンスに出合うために、時間をとって再訓練を受けたり、少ない給料で働いたり、ボランティア活動に従事したりできる資源（貯金など）がある。	はい／いいえ
Q9	給与以外に複数の収入源がある。	はい／いいえ
Q10	新たなチャンスを見つけるためには引っ越しや移動もいとわない。	はい／いいえ

プロセスを順を追って紹介したい。

解雇されても、同等の報酬で別の組織に職を見つけるのは簡単だ

ここで考えたい問いは二つ。

まず、所属組織が優位性を失う憂き目に遭う可能性はどれくらいか、その変化によって自分が敗者となる可能性はどれくらいか（既存の競争優位が危機に瀕している、もしくは消滅しかけているときの兆候については左ページのチェックリストを参照）。次に、現時点で自身のスキルが、いまいる組織ですぐに役に立たなくても、別のところで使えるかどうかである。

自社の優位性が徐々に失われ、自分にも悪影響がおよぶ可能性が高いと思うのであれば、選択肢は二つだ。一つめは、組織の権力者を動かして持続する優位性を前提とする考え方に立ち向かい、本書で述べてきた手段を実行に移す努力をすることだ。この場合、組織内の十分な数の人々に変化の必要性を納得させ、組織が次世代の優位性を見つけるべく前進するにはどうすればいいかを考えはじめなければならない。何をなすべきかについては、これまでの各章で述べてきたとおりである。

優位性が消滅する早期警報

あてはまるものが多いほど事態は深刻。

□私は自社の製品やサービスを購入しない。

□わが社は他社と同じかそれ以上の投資をしているのに、利益も成長も不十分。

□顧客はより安くてシンプルな「そこそこ」のソリューションを探している。

□予想もしなかったところからライバルが現れている。

□顧客は、わが社が提供するものにもはやわくわくしていない。

□わが社は、雇いたいと思う人材からもっとも働きたい会社と思われていない。

□わが社で最高の人材が何人か退社した。

□わが社の株価はいつまでたっても割安だ。

□技術系社員（科学者やエンジニア）が、新技術によってわが社の事業が変わると予測している。

□わが社はヘッドハンターのターゲットになっていない。

□成長軌道が鈍化したり、反転したりしている。

□過去二年間に市場に投入できたイノベーションがほとんどない。

□会社が福利厚生を削減したり、リスクを従業員に転嫁したりするようになっている。

□経営陣が今後入ってくるかもしれない悪い知らせの重要性を否定している。

理由はともかく、あなたはこう考えているとしよう。環境に適応できるスピードで組織を変革するのは難しそうだ、あるいは権力者の既得権益のせいで深刻な事態を招くことなく変革するのはほぼ不可能だ、と。この時点で、別の手立てを考えるのは当然のことだ。現在手にしているスキルや能力が組織外のどこで役に立つかを厳しい目で見直す必要がある。自身が、消滅しつつある活動のカテゴリー全体にかかわっているとすれば、スキルアップと、そのスキルが役立つ別の場所を見つけることに相当な投資をすべきだ（これについては後述する）。

所属する組織が過去の競争優位にとらわれていることをいち早く察知できれば、貴重な時間が手に入る。その時間を使って、人脈を広げたり、逃げ道を探したり、新たな能力を培ったり、自分の価値を高めたりできる。寝耳に水という事態だけは何としても避けたい。競合他社によって優位性が奪われたとき、かつて繁栄を誇った組織の多くの経営幹部が、おきざりにされてしまったのである。

今日職を失っても、準備は十分できている

一つの仕事の終わりに対して十分な備えをするには、履歴書を引っ張り出すだけではとうてい足りない。新たなよりよいポジションを得るための継続的な活動を始める準備をする（または、新しい事業を始めたりコンサルティング業務に参入したりする意欲をもつ）必要がある。だがその前に、過去と決別するという感情的な問題と向き合わねばならない。かつてあったものに対するありとあらゆる哀悼の念、つまり悲しみ、怒り、喪失感といった感情が沸き起こるのが普通だからだ。少しばかり悲嘆に暮れる時間をもとう。それはきわめて自然なことだ。気を取り直したら、次は戦略を立てる番だ。私なら、キャリアコンサルタントのフォード・R・マイヤーの言う「職探しツールキット」を用意することから始める。(8) マイヤーが勧めるツールキットは次のようなものだ。

1 これまでの実績リスト
2 ポジショニング・ステートメント（市場における自分の位置づけを記した書面）
3 職務経歴（三人称で記した書類一枚）
4 働きたい企業リスト
5 人脈リスト
6 身元照会先一覧
7 推薦状
8 ネットワークへの参加準備
9 活動の記録を後追いできるしくみ
10 最後に、履歴書

おわかりのように、行動を起こすための準備を整えるのは簡単ではない。だが、自分の働く基本事業が変化しているときでも転職できるようにするにはそれが欠かせない。マイヤーのウェブサイトをはじめ、多くのすぐれた情報源が転職準備について詳しく教えてくれる。

もう一つ、特に悪い知らせに接して悲しみに打ちひしがれていてもいいが、とにかく早い段階で思い出してもらいたいことがある。最終的に成功を手にした人のほとんどが、ほぼ例外なく過去につまずいていたり、解雇されたり、つらい目に遭ったりしているということだ。

J・K・ローリングはアムネスティ・インターナショナルでの秘書職を失った。仕事に専念せず、魔法使いの世界へと思いを馳せていたからだ。そのときにもらった解雇手当が、のちにベストセラーとなったハリー・ポッターシリーズを執筆しているあいだの彼女の暮らしを支えた。

マイケル・ブルームバーグは社内政治のごたごたに巻き込まれてソロモン・ブラザーズをクビになり、ブルームバーグを設立した。同社はメディア帝国に発展した。彼は億万長者となり、ニューヨーク市長を三期務めた。ソロモン・ブラザーズはどうなったか？　いまや跡形もなくなってしまった。

ヴォーグ誌編集長のアナ・ウィンターはファッション業界で得た最初の職を「前衛的すぎる」という理由で解雇された。メリーランド州ボルティモアのあるテレビ・プロデューサーは、夕方のニュース番組で司会を務めていたオプラ・ウィンフリーを、この仕事に「向いていない」から と降板させた。[9] こうした例は枚挙にいとまがない――最後にどこにたどり着くのかを事前に知るのはまず不可能なのだから、せめて過去の経験から学び、来るべき事態に備えるのが最善の策だろう。

過去二年以内に、五つ以上の組織で有用な役割を担って働いたことがある

今日、一つの組織内でキャリアを終える可能性は低い。そのため、異業種の組織に接触したりコネをつけたりしておけば、かなり多くの選択肢が手に入る。ファスト・カンパニー誌の「流動世代」という記事で報じられているように、非常に多くの人々が、そもそもキャリアとは何かという点で考え方を改めている。人々は、決まったレールに沿ってスキルを磨きながら前進するのではなく、仕事から仕事へと渡り歩く。それぞれの仕事の期間は比較的短いが、スキル、人脈、能力が身につく。これらは次の仕事に役立つし、ひいては次の雇用主にとって彼らの価値を高めることにもなる。

一時的優位性の経済において、いくつもの異なる組織環境を経験することが有益なのは、見つかるチャンスの数が増えるからだ。

孫正義のすばらしいキャリアパスを例にとろう。現在、孫はソフトバンクの筆頭株主であり、ソフトバンクは例外的成長企業の一つであるヤフーの株を大量に保有している。孫は、九州の片田舎の在日韓国人夫婦のもとに生まれた。父親は養豚業などを営み、やがてパチンコ業に手を拡げた。ウォール・ストリート・ジャーナル紙によれば、日本では日本人以外が成功するチャンスは低いとして、孫は両親を説得してアメリカの高校に留学した。

その後、カリフォルニア大学バークレー校に進み、在学中に起業家としてのキャリアをスタートさせた。まず、教授の一人を説得して製品を設計してもらい、それをシャープに五〇万ドルでライセンス供与した。それからゲームセンター事業などいくつかのベンチャービジネスを手がけ

たが、そのうちのいくつかはまったく軌道に乗らなかった。その後、日本に戻り、一九八一年にソフトバンクを創業。同社は当初、ソフトウェア販売会社だった。続いて、さまざまなインターネット関連企業、コムデックスというコンピューター展示会、出版社のジフ・デイビス、Yahoo! Incなどにかかわった。中国のアリババも孫の出資のターゲットとなった。

ドットコムバブルが弾けると、二〇〇二年、ソフトバンクの時価総額は最高値から九八％も暴落し、孫個人の財産も大きな痛手をこうむった。孫はやがて通信業界に参入した。まずはブロードバンド、続いて携帯電話業界に進出した。現在は、スプリントを買収しようとしている。この話がまとまれば、アメリカの無線通信市場の競争が不安定になるかもしれない[10]。彼のキャリアはその起業家精神とのちの成功の両面で間違いなく並外れたものだが、いくつもの異なる組織環境に身を置くという原則は、万人にあてはまる。

以前はもっていなかった有用な新しいスキルを身につけた

一時的優位性の経済の明らかな帰結の一つは、生涯にわたる新たなスキルの蓄積が肝心だということだ。もう一つの帰結は、ある特定のスキルがいつ価値を発揮するかは決してわからないということだ。表向きはビジネスのために習得したわけではないスキルにも同じことが言える。

アップルのスティーブ・ジョブズは、大学時代にカリグラフィーの講義を聴講した話をよくしていた。カリグラフィーはテクノロジーとはあまり関係なかったが、のちにジョブズのその知識が、ＷＹＳＩＷＹＧ《ウィジウィグ》（画面と印刷結果が一致する表現技術）の文字のデザインに影響を与えることになった。最初は役に立つかどうかわからなかったスキルやちょっとした知識が、結果的に思わぬ形で役立った好例である。

希少なスキルもまた、重要な差別化要因となりうる。コロンビア大学の幹部教育講座のある教え子と話していたとき、彼は自社（製薬会社）が中国市場に進出する際の苦労話をしてくれた。「結局、世界企業であるわが社全体で、もっとも高給とりの営業担当者は誰だかわかりますか？」。わからないと答えると、彼はこう言った。「優秀なセールスマンというだけでなく、英語にも堪能な人物なのです！」

もちろん、新しいスキルは正式な訓練を積めば身につけられる。だが、なじみのないスキルを高める手段を提供してくれる労働環境について考えてみるのも一案だ。ボランティアや社会事業に取り組めば、新たな行動をとるための優れた訓練になることが多い。自分を鼓舞してでも自身のツールボックスに、スキル——言うならばツール——を加えつづけたいものだ。それが、いつの日か役に立たないとも限らないのだから。

スキルの構築というアリーナのもっとも胸躍る分野の一つが、カーン・アカデミーなどが提供する無料のオンライン授業だ。カーン・アカデミーは二〇〇四年に始まった。バングラデシュ系アメリカ人でマサチューセッツ工科大学（ＭＩＴ）とハーバード・ビジネススクールで学位をとったサルマン・カーンが、いとこのナディアに数学を教えてほしいと頼まれたことがアカデミー設立のきっかけとなったのは有名な話だ。彼は、ヤフーのドゥードル・ノートパッドに描いた図表を使ってナディアの家庭教師を始めた。ほかの親戚からも勉強を教えてほしいと頼まれたため、カーンは授業をユーチューブにアップした。こうして、そのアイデアが世に出ることになった。

二〇〇九年、カーンはコネクティブ・キャピタル・マネジメントのヘッジファンド・アナリストの職を辞して、個別指導に専念することにした。現在、カーン・アカデミーは多種多様な教科のわかりやすいビデオ授業のほか、採点や学習習熟度のチェックといった付随サービスも提供している。

アカデミーのおよぼした衝撃は、従来の教授法をひっくり返したことだ。従来なら教師が授業をし、生徒は夜に宿題をやってその内容を頭にたたき込む。カーン・アカデミーの個別指導を使えば、生徒は夜に予習をして、翌日、教師の力を借りながら教材を使って実際に問題を解ける。まったく新しい教え方であり学び方だ。本書執筆時点で、三六〇〇を超える授業が用意されている。どれも無料で一〇分から一五分程度の長さだ。少し時間を割いて新たなスキルを身につけてはどうだろうか?

過去二年間に、講座や研修プログラムに参加したことがある

私にとって、一時的優位性の環境でもっともわくわくする変化と言えば、昔とくらべて教育がはるかに受けやすくなり、民主化され、一人ひとりに沿うものになったことだ。デジタル技術とまったく新しい学習形態の登場のおかげで、インターネット環境さえあれば誰でもスキルや知識を大幅に向上させられるようになった。これによって、教育ビジネスは有意義な形で新たにつくりなおされることになるだろう。

幹部教育：コロンビア大学ビジネススクールで教えていて何がすばらしいかと言えば、幹部教育プログラムを定期的に立案し、そこで教える立場にいられることだ。このプログラムはたいてい単位を付与しない短期（一週間以内）のもので、最高の経営思考をまとめ上げ、実務に携わる企業幹部と共有することを目的としている。参加している幹部にとって、このプログラムはビジネスに忙殺される日常から離れ、異業種の人材と交流し、新たな人脈を育み、そして何より新しい視点を手にするまたとない機会だ。一九九三年にコロンビア大学の教員になって以来、この幹部教育プログラムの変遷を見つづけてきたのは実に興味深い体験だった。そこに反映されていたのは、一時的優位性の経済における経営幹部のニーズの変化だった。

かつて、幹部教育コースは教室でいすに座って学ぶ昔ながらの授業をしていた。教授は立ったまま意欲をかき立てる授業を行ない、事例研究については活発な議論を主導するといったところだ。現在でもその種のことはするが、さらなる要素が加わっている。

たとえば、コロンビア大学ビジネススクールの旗艦プログラムである上級幹部向け教育プログラム（CSEP）では、プログラム全体を通じてコーチングやフィードバックがきわめて重要な役割を果たしている。教員、プロの経営幹部コーチ、ほかの業界やセクターの経営者などから意見や情報が寄せられるからだ。参加者は、個人的なリーダーシップ・ステートメント――彼らはそれを実践する――の構築を通じて指導を受け、自分が苦労して取り組んでいる戦略課題を含む個人的問題の解決を手助けしてもらう。意見交換がきわめて活発なセッションでは、参加者同士のチームによってリーダーシップをとる機会が与えられる。このプログラムには「幹部の健康」というセクションがあり、参加者は健康に留意するよう促される。一時的優位性の世界での競争はストレスが高く、肉体的な負担も大きい。

ＣＳＥＰは四週間あるため、参加するには相応の熱意がいる。だが見返りは大きい。フェラーリ北米部門の上級幹部マルコ・マティアッチは、二〇一一年に意を決してこのプログラムに参加した。彼はこう語る。「キャリアのこの時点で、数週間立ち止まって微調整を施し、自分の知識を最新にし、異業種の人々とともに自分と向き合い、異なる事業分野から新たな知見を得られるのは大きなチャンスです」。このプログラムの効果は上々だったに違いない。マルコは二〇一二年二月に自動車業界年間最優秀経営者賞を受賞した。それを発表したプレスリリースでは、マルコの担当地域で売上が二〇％増え、フェラーリが高級車セグメントでトップに躍り出たのは彼の功績だとされていた。マルコのほうでは、自分がこれほどの成果を挙げられたのは、ＣＳＥＰで学んだおかげだとしている。おっと、きちんと言っておかねばならないが、私はＣＳＥＰで教えてはいるが責任者ではない。この画期的なプログラムを考案した功績は、ポール・イングラム、ブルース・クレイブン、そして二人の前任者のショーン・ビーチラーにある。

私は、変化と成長を導く一週間の短期プログラムの責任者を務めている。このプログラムのカギとなる要素は、あらゆるコンセプトとフレームワークを現実の個人的事例に応用することだ。そうすれば、参加者が学んでいる内容が深まり、彼らが関心をもっている成長や変化をめぐる問題が解決に近づく。

このプログラムの参加者で、フィリップス・エレクトロニクスの中近東アフリカ部門の戦略・事業開発ディレクターを務める人物がこう語ってくれた。「LSGC（戦略的な成長と変化を導く）プログラムを受講後一年が経ちましたが、わが社でいまも生きている教訓は、成長戦略とはみずからの新たな取り組みであり、またその運営法でしかありえないということです……わが社にとって、LSGCは成長への取り組みを運営するシステムへと変化しています。すなわち、規律の向上、精度の向上、さまざまな仮説の追跡方法の改善、成果の明瞭化、成長を追求するための社内コミットメント（年間予算サイクルを通じての資金調達）の強化などが進められていきます」。すでに述べたように、現在の幹部教育コースは、これまでにも増して現実世界への応用に舵を切っているのだ。

コロンビア大学のCSEPに学習コミュニティーをつくる

かつて幹部教育の中心を成していたのは、主として授業内容であり、そのモデルは教授主導型だった。現在、もっとも優れたプログラムはこうしたモデルとは一変している。いまではおおむね仲間との共同作業から生じるプロセス、価値観、学習に重点が移っており、教授は学習コミュニティー内の進行係という役割を担っている。CSEPでは、この学習コミュニティーをつくるのに相当の時間を割く。参加者がやってくる前から作業は始まる。電話インタビュー、参加者がはじめて一堂に会する際の課題づくり、コミュニティーのメンバーがともに取り組む価値観の明確な構造化などだ。最近のあるクラスでは、このコミュニティーによって以下のような価値観が選ばれた。①同僚を励ます、②楽観的に耳を傾ける、③楽しむ、④他人を信頼し尊重する、⑤CSEPの全セッションの成功に個人的な責任をもつ。参加者は受講中「学習日記」をつける。日記をつけると、深く考え、核となるアイデアをつかみやすくなる。また、コース中に時間をとって心身ともにリフレッシュすること、コース終了後も仲間同士のネットワークを築いて維持することを促される。

その他の教育経験：幹部教育は誰もが受けられるわけではない。しかし、成長を続け、能力に投資するための選択肢はほかにもたくさんある。先ほどカーン・アカデミーを挙げたが、コミュニティー・カレッジ、地元の技術団体、職業学校、その他の組織を利用して新しいスキルを獲得できる。

各地の起業家が、さまざまな方法で学習機会を提供しはじめている。そのなかにはコスト効率のきわめて高いものもある。たとえば、ユニバーシティー・ナウはサンフランシスコを拠点とするソーシャル・ベンチャーであり、そのミッションは「世界一手ごろで利用しやすい大学をつくり、誰もが高等教育を受けられるようにすること」である。共同設立者でCEOのジーン・ウェイドは、従来型の教育制度では落伍者が多すぎると感じており、これらの欠陥に取り組む組織を立ち上げたのだ。ユニバーシティー・ナウの特筆すべき点は、あまりに多くの人々にとって高嶺の花となっていた高等教育を、手ごろな料金で提供していることだ。

スタンフォード大学やＭＩＴが先鞭をつけた大規模オンライン公開講座（ＭＯＯＣ）の登場によって、オンライン教育はますます多くの人にとって手の届くものとなるはずだ。

幹部教育プログラムに求められるものとは――独断と偏見に満ちたリスト

- □開講期間中に常駐している専任の責任者・講座企画者
- □学んだことを自分の置かれた環境で応用する機会
- □多様な国、地域、業界の人々の参加
- □参加者の経験が適切なレベルであること（経験に開きがありすぎるのは望ましくない）
- □新しい事例を盛り込んだ最新のカリキュラム
- □学習を支援するテクノロジーの適切な利用（ウェブページ、アプリなど）
- □コースの事前準備の手伝いと、参加後のフォローアップ
- □内容ごとの学習スタイルの多様性（行動志向の学習、思考をより重視した学習、特定の目標を念頭に設計された学習）

□新しく得た知識について振り返り、それを活用するための息抜きの時間
□授業を受けもつ教員の多様性
□コースを提供している組織の経験（かなり急勾配の学習曲線を描く）

新たなチャンスをもたらしてくれそうな人の名前を、最低一〇人はすぐに挙げられる

一時的優位性の経済で、長続きする数少ないものの一つが人間関係だ。自分の価値を他人に訴え、新たなチャンスを見つけ、それと引き換えに他人のためにチャンスを生み出すもっとも強力な方法が、ネットワークの活用である。

実際、例外的成長企業は、従業員や顧客との安定した関係をきわめて重視している。ファクトセットは、過去一〇年間で九五％に達する顧客維持率を誇っている。アナリストによれば、インフォシスとコグニザントは顧客をがっちりとつかんでいる。インドラ・システマスは年次報告書にこう記している。「インドラは、サプライヤーや知識機関を価値創造のパートナーにしてイノベーションの協力者だと考えています。わが社はそうあることに大きな責任を負っています」

賢明な企業はまた、レイオフや解雇が避けられないとしても、その対象者が加わっているネットワークを維持することは依然として大事であることを理解している。ウォルターズ・クルワーのナンシー・マッキンストリーCEOは、デジタル世界への困難な移行を行なう際、この問題にしばしば直面せざるをえなかった。移行に伴う人員整理の問題にどう対処したのかを彼女にたず

ねてみた。興味深いことに、人員整理を実施するにあたり、同社には考え抜かれた自覚的なプロセスがあった。担当チームはまず、当該スタッフを社内のほかの部署に回せないかを検討する。マッキンストリーによると、この方法でこれまでのところうまくいっているという。

レンタルオフィス企業リージャスのルディー・ロボCOOは、相応に友好的な態度で別れることが、解雇される社員にとっても会社全体にとっても大事なのだと確信している。彼はそうしたプロセスの典型的な順序について説明してくれた。「そうですね、最初はみんなすっかり理性を失います。知らせを受け、怒り、最後には冷静さを取り戻します。彼らを送り出すプロセス全体に私も終始寄り添います。夫や妻に語りかけ、彼らが受けるよくないアドバイスの三割には耳を貸さないよう説得します……こういう機会を設けるのも、友人として別れたいからなのです」

二つ以上のネットワークに積極的にかかわっている

職場の人間関係は重要だが、別の形のネットワークも同様に重要だ。これはキャリアに関する自己啓発本にしつこく書いてあっただろうから、ここで長広舌をふるうつもりはないが、あえて一言いいたい。参加しよう。同窓会でも、ご近所のグループでも、商工会議所でも、読書会でも、チャンスをもたらしてくれそうな人と会えるなら、どんなネットワークでもいいのだ。

最近では、ネットワークのほうであなたを見つけ出すのが新たなトレンドだ。あなたが参加すれば価値が増すからだ。フェイスブックをはじめとするソーシャル・ネットワークは、利用者が増えれば増えるほど価値が上がる。助言サイト、レビューサイト、専門知識を共有するサイトなどは、どれも何らかのネットワーキング活動に携わるための場だ。そうすることで、参加者全員にとって価値が増すからである。

新たなチャンスに出合うための資源がある

一時的優位性の経済の現実として、次の手を打つ前に自分自身に投資しなければならないことがままある。そのとき必要なのが資源だ。したがって、こうした競争の基本原則の一つは次のようになる。ある程度のバッファーを準備しておき、資源が限られているせいで魅力のない企業で働かざるをえないとか、次のステップに飛び移りたいのにできないという事態を避けるのだ。

そのためのスキルに、余裕資金の創出につねに心を砕くことが挙げられる。新品の購入ではなく交換ですます、固定費を減らす、経費の負担をできるだけ抑えるなどである。借金や固定した返済義務といった責務が少なければ少ないほど、資源は節約しやすい。ときにはパートナーの支援を得て次へと進むのもいいだろう。私の例で言えば、政府機関での情報技術グループの責任者をへて、博士課程で四年間勉強するという困難ではあるが最高に充実した移行を実現できたのも、ひとえに夫が私の稼ぎを諦め、四年間の保育代を払ってくれたからにほかならない。

給与以外に複数の収入源がある

一時的優位性の世界における大きく新しい変化の一つは、現在では給与を得るだけでなく、複数の収入源をもつことが十分に可能だということだ。こうした収入源をうまく活用できれば、転職に際してのリスクを抑えられる。

インターネット上でアシスタントの職に就き、パートタイムで事務処理能力を売ることもできる。他人が外注したい仕事を引き受けることもできる（最近では、食事の献立から子供の一歳の誕生パーティーの企画まで何でも外注できる）。自分のクローゼットの中身を売り尽くしたら、他人の代理でイーベイでものを売ることもできる。手軽に使える開発ツールを用いてアプリを設計してもいい。アマゾンのメカニカル・タークで「タスク」を行なうこともできる。教師にもなれるし、コンサルタントにもなれる。

何かに参加するとプロバイダーがお金を支払ってくれる市場も出現しつつある。たとえば、ゲームが得意な人は他人に雇われてプレーし、ときには仮想通貨を本物の通貨に交換することがある。意見を言ったり、何かを支持したりすることでお金がもらえることもある。

新たなチャンスを見つけるためには引っ越しや移動もいとわない

残念ながら、チャンスは身近なアリーナに現れるとは限らない。したがって、柔軟なライフスタイルをもち、完全に引っ越したり、チャンスがあるところまでみずから出向く用意があるなら有利である。企業の幹部とつきあっていると、彼らが移動の多い生活を送っていることによく驚かされる。職場がある複数の場所――たいていは飛行機で行ける距離にある――に住むのがごく当たり前になっているのだ。

前に紹介したリージャスのルディー・ロボＣＯＯはこうした人たちの代表だ。彼はいつも急いでいる。情熱的でエネルギッシュなロボだが、「三〇年に三〇回の引っ越し」をへて、ようやくイギリスのちょっとひなびた場所に、終の住み処を構えようかと考えているそうだ。こうした動きの激しさは偶然の産物ではない。ロボの会社は一時的優位性を「獲得しにいく」のだ。

リージャスは一九八九年にマーク・ディクソンによって設立された。ディクソンはイギリス出身の派手な経歴をもつ連続起業家《シリアルアントレプレナー》で、サンドイッチ店を経営したり、ライトバンでホットドッグを売ったり、製パン業に手を出したりしたあと、市場にぽっかりと空いた穴に「これだ！」と気づいた。山あり谷ありの波乱万丈なキャリアをへて、ブリュッセルのカフェに座っていたときに、彼の脳裏にインスピレーションが降って湧いた。まわりでは何人ものビジネスパーソンが、買い物客、学生、主婦に囲まれて居心地悪そうにメモをとったり仕事したりしていた。遠くて職場に戻れないため、しかたなかったのだ。当時、仕事で外に出たら、地元のコーヒーショップか食堂くらいしか打ち合わせのできる場所はなかった。かくして、必要に応じてレンタルできる事務センターというアイデアが生まれたのだ。

以来リージャスは、競争優位が短命である時代に即した戦略で恩恵を受けるだけでなく、それを実行してもいる。現在、同社は世界九五カ国、五五〇都市にレンタルオフィスを構えている。また、ロンドン証券取引所に上場し、ＦＴＳＥ２５０の構成銘柄となっている。同社の歴史は波乱に富んでいる。ドットコムバブルが弾けたときも、二〇〇〇年代はじめにも業績が落ち込んだが、堅実に成長路線を歩んでおり、事業を展開する地域もサービスも拡大している。同社は現在、障害復旧サービスからバーチャルオフィスまで、実にさまざまなサービスを提供している。リズムを刻むように定期的に、新たな地域や事業から退出したり参入したりを繰り返しているのだ。

一時的優位性の経済に生きる

本書は、少なくとも、しばらくのあいだ実践されてきた戦略が行き詰まっているという前提からスタートした。業界が安定していた時代、トレンドが多少なりとも予測できた時代、技術の進歩のペースがいまより緩やかだった時代には十分理にかなっていた考え方から抜け出せないのだ。当時の戦略の発想は、持続する競争優位を利用して安定を手にするというものだった。

現在、戦略に関するこうした考え方は見る影もない。大きな安心と安定が失われてしまったと嘆くのは簡単だし、マイナス面や社会的な適応のコストを率直に認めることも確かに大切だ。それでも私は、私たちの経済のとてつもない活力が生み出すチャンスに胸をふくらませることも同じくらい大切だと思う。人々が起業に挑戦できる余地はますます広がるはずだ。キャリアのつなぎ方もはるかに多様になる。つまり、いったん働くのをやめざるをえなかった人にも復活の機会が増えるのだ。そしてもちろん、より多くの人にとって需要があるだけでなく、一時的優位性の経済で活躍するためのスキルや教育を得る大きな機会が待っている。

好むと好まざるとにかかわらず、一時的優位性の経済がいまこの時代に存在しており、退散する気配はない。本書を読み、このまったく新しい世界で繁栄する道を見いだしてきた並外れた人々や組織について学ぶことで、刺激を受け、奮い立ってもらえればと願っている。

訳者あとがき

近年、経済環境はめまぐるしく変化しており、企業が健全な経営を維持するのは容易ではないようだ。最近まで好調を伝えられていた企業が急速に業績を悪化させ、敏腕ともてはやされた経営トップが更迭されるといったニュースも珍しくない。

こうした環境下で成功を収めるには、従来とはまったく異なる経営手法が必要になる。本書の著者であるマグレイスによれば、これまでの企業戦略は「持続する競争優位」の構築をめざすものだったという。ところが、現在ではもはや競争優位の持続は望めないため、こうしたやり方は通用しないばかりか有害でさえある。かわって「一時的な競争優位」を前提に戦略を立てなければならない。現われては消える競争優位の波を次々に乗り換えるための戦略だ。

たとえば富士フイルムは、写真業界にデジタル化の波が押し寄せることをいち早く察知すると、競争優位を持つフィルム事業から資本を引き揚げ、デジタル技術の研究開発に投じた。同時に、写真以外の事業にも乗り出して経営多角化を進める一方、組織改革を断行して事業効率を改善した。こうして、富士フイルムが新しい時代に適応して成功を収めているのに対し、デジタル化の波に乗り遅れたコダックは、二〇一二年一月、経営破綻の憂き目を見たのである（その後再建を果たし、二〇一三年十一月に再上場）。

こうした戦略転換を実現するには、どうすればいいのだろうか。それを解明すべく、マグレイスはまず、二〇〇〇年から二〇〇九年まで堅実な成長をなしとげた「例外的成長企業」一〇社を選ぶ。続いて、それらの企業の経営手法を分析しつつ、六つの「戦略の新たなシナリオ」をまとめ、それぞれに一章を割いて詳細を論じている。コンサルタントとして現場で働いた経験から語られる多くの実例はきわめて興味深く、そのおかげもあって論述は具体的で説得力がある（たとえばノキアの衰退が同社内の視点から述べられている）。

また、変化の激しい経済環境のもとでは労働市場も流動化せざるをえない。第7章では、こうした環境下で個人はどうキャリアを築くべきかに焦点があてられている。雇用問題はわが国においても切実なテーマであり、本書のアドバイスは大いに参考となることだろう。競争優位が一時的なものでしかない世界で、企業は、また個人はどう行動すべきかについて、読者がそれぞれの立場で本書から知識を得ていただければ幸いである。

リタ・ギュンター・マグレイスはコロンビア大学ビジネススクール教授。その業績は高く評価されており、二〇一三年には世界で最も影響力のある経営思想家五〇人を選ぶ「Thinkers 50」で六位になっている。また、本書の原著である *The End of Competitive Advantage*（Harvard Business Review Press）は、「Strategy + Business」誌の二〇一三年ベスト経営書の一冊に選ばれている。

本書の訳出にあたっては、日本経済新聞出版社の赤木裕介氏、フリー編集者の河本乃里香氏にお世話になった。この場を借りて深くお礼申し上げたい。

二〇一四年五月

鬼澤　忍

(3) S. Tully, "*Fortune* 500: Profits Bounce Back," *Fortune*, May 3, 2010, 32.

(4) AFL-CIO, "CEO Pay: Feeding the 1%," 2011, www.aflcio.org/corporatewatch/paywatch/paywatch2011_indexmore.cfm.

(5) P. Gottschalk and S. Danziger, "Inequality in Wage Rates, Earnings and Family Income in the United States, 1975-2002," *Review of Income and Wealth* 51, no. 2 (2005): 231-254; M. Morris and B. Western, "Inequality in Earnings at the Close of the Twentieth Century," *Annual Review of Sociology* 25 (1999): 623-657.

(6) J. Assa, "Inequality and Growth Re-Examined," *Technology and Investment* 3, no. 1 (2012): 1-6.

(7) R. Safian, "This Is Generation Flux: Meet the Pioneers of the New (and Chaotic) Frontier of Business," *Fast Company*, January 9, 2012, 60-97.

(8) F. R. Myers, *Get the Job You Want, Even When No One's Hiring: Take Charge of Your Career, Find a Job You Love, and Earn What You Deserve* (New York: John Wiley & Sons, 2009).

(9) A. Horowitz, "15 People Who Were Fired Before They Became Filthy Rich," *Business Insider*, April 25, 2011, www.businessinsider.com/15-people-who-were-fired-before-they-became-filthy-rich-2011-4?op= 1.

(10) D. Wakabayashi and A. Troianovski, "Japan's Masayoshi Son Picks a Fight with U.S. Phone Giants," *Wall Street Journal*, November 24, 2012.

Strategy Insider, www.brandingstrategyinsider.com/2009/09/category-first-brand-second.html.
(7) R. C. Alexander and D. K. Smith, *Fumbling the Future: How Xerox Invented, Then Ignored, the First Personal Computer* (New York: iUniverse, 1999)（邦訳『取り逃がした未来——世界初のパソコン発明をふいにしたゼロックスの物語』山﨑賢治訳、日本評論社、2005年）.
(8) W. Klepper, *The CEO's Boss: Tough Love in the Boardroom* (New York: Columbia Business School, 2010).
(9) G. Sargut and R. G. McGrath, "Learning to Live with Complexity," *Harvard Business Review*, September 2011, 68-76.
(10) E. Ries, *The Lean Startup: How Today's Entrepreneurs Use Continuous Innovation to Create Radically Successful Businesses* (New York: Crown Business, 2011).（邦訳『リーン・スタートアップ』井口耕二訳、伊藤穣一解説、日経BP社、2012年）
(11) R. G. McGrath and I. C. MacMillan, "Discovery-Driven Planning," *Harvard Business Review*, July 1995, 44-54; R. G. McGrath and I. C. MacMillan, *Discovery-Driven Growth: A Breakthrough Process to Reduce Risk and Seize Opportunity* (Boston: Harvard Business Press, 2009).
(12) S. Key, "The Man——The Legend——John Osher, Inventor of the Spin Brush. Part II," AllBusiness, 2008, www.allbusiness.com/marketing-advertising/market-research-analysis/7665600-1.html#axzz2DXqrOvbZ.
(13) M. A. Whiting and C. J. Bennett, *Driving Towards "0": Best Practices in Safety and Health*, Research Report R-1334-03-RR (New York: The Conference Board, 2004).

第７章

(1) S. Greenhouse, "A Part-Time Life as Hours Shrink and Shift," *New York Times*, October 27, 2012.
(2) A. McGahan, *How Industries Evolve: Principles for Achieving and Sustaining Superior Performance* (Boston: Harvard Business School Press, 2004).（邦訳『産業進化4つの法則』藤堂圭太訳、ランダムハウス講談社、2005年）

Rate."
(15) S. Adhikari, "Brambles Waits to Exhale," *Business Spectator*, February 17, 2010.
(16) Macquarie Digital, "Brambles Limited: CEO Interview with Tom Gorman," October 8, 2012.
(17) Block and MacMillan, *Corporate Venturing* (邦訳『コーポレート・ベンチャリング』前掲書); A. B. van Putten and I. C. MacMillan, *Unlocking Opportunities for Growth: How to Profit from Uncertainty While Limiting Your Risk* (Upper Saddle River, NJ: Wharton School Publishing, 2009); R. G. McGrath and I. C. MacMillan, "MarketBusting: Strategies for Exceptional Business Growth," *Harvard Business Review*, March 2005, 80-92; I. C. MacMillan and R. McGrath, "Discovering New Points of Differentiation," *Harvard Business Review*, July-August 1997, 133-145; I. C. MacMillan and R. G. McGrath, "Discover Your Products' Hidden Potential," *Harvard Business Review*, May-June 1996, 58-68; I. C. MacMillan, A. B. van Putten, R. G. McGrath, and J. D. Thompson, "Using Real Options Discipline for Highly Uncertain Technology Investments," *Research Technology Management* 49, no. 1 (2006): 29.
(18) Macquarie Digital, "Brambles Limited: CEO Interview with Tom Gorman."

第6章

(1) "No Country Has a Company Like Ours," El Pais, June 17, 2007.
(2) C. E. Brett, "Presentation of the Harrell L. Strimple Award of the Paleontological Society to Thomas E. Whiteley," and T. E. Whiteley, "Response," *Journal of Paleontology* 79, no. 4 (2005): 831-834.
(3) S. N. Chakravarty and R. Simon, "Has the World Passed Kodak By?" *Forbes*, November 5, 1984.
(4) S. W. Morten and M. W. Ellmann, *Yellow Journalism!* (New York: Wertheim & Co., 1984).
(5) E. H. Bowman, "Strategy and the Weather," *Sloan Management Review*, Winter 1976, 49.
(6) D. Daye and B. VanAuken, "Category First. Brand Second," Branding

本喜一訳、ランダムハウス講談社、2005年）; G. C. O'Connor, *Grabbing Lightning: Building a Capability for Breakthrough Innovation* (New York: Jossey-Bass, 2008).

(2) R. Burgelman and L. Valikangas, "Managing Internal Corporate Venturing Cycles," *Sloan Management* Review, July 2005, 26-34.

(3) S. D. Anthony, *The Silver Lining: An Innovation Playbook for Uncertain Times* (Boston: Harvard Business School Press, 2009); C. M. Christensen and M. E. Raynor, *The Innovator's Solution: Creating and Sustaining Successful Growth* (Boston: Harvard Business School Press, 2003), x, 304.（邦訳『イノベーションへの解――利益ある成長に向けて』玉田俊平太監修、櫻井祐子訳、翔泳社、2003年）

(4) S. M. Shapiro, *Best Practices Are Stupid: 40 Ways to Out-Innovate the Competition* (New York: Portfolio/Penguin, 2011).

(5) L. A. Bettencourt and A. W. Ulwick, "The Customer-Centered Innovation Map," *Harvard Business Review*, May 2008, 109-114.

(6) B. Brown and S. D. Anthony, "How P&G Tripled Its Innovation Success Rate," *Harvard Business Review*, June 2011, 64-72.

(7) McGrath and MacMillan, *The Entrepreneurial Mindset.*（邦訳『アントレプレナーの戦略思考技術』前掲書）

(8) R. G. McGrath and I. C. MacMillan, *Discovery-Driven Growth: A Breakthrough Process to Reduce Risk and Seize Opportunity* (Boston: Harvard Business Press, 2009).

(9) Christensen and Raynor, *The Innovator's Solution*, x, 304.（邦訳『イノベーションへの解』前掲書）

(10) N. S. Vageesh, "HDFC Bank, Vodafone India Launch Mobile Banking Product for Rural Coverage," *Hindu Business Line*, November 27, 2011.

(11) N. S. Ramnath, "How Cognizant Overtook Infosys," *Forbes India*, August 7, 2012.

(12) G. C. O'Connor, A. Corbett, and R. Pierantozzi, "Create Three Distinct Career Paths for Innovators," *Harvard Business Review* December 2009, 78-79.

(13) McGrath and MacMillan, *Discovery-Driven Growth*.

(14) Brown and Anthony, "How P&G Tripled Its Innovation Success

Graduate School of Business Administration, Harvard University, 1970), xv, 363; J. Pfeffer and G. Salancik, *The External Control of Organizations: A Resource Dependence Perspective* (Stanford, CA: Stanford University Press, 1978).

(2) F. Rose, "The Civil War Inside Sony," *Wired*, February 2003.

(3) McGrath and MacMillan, *MarketBusters*.（邦訳『市場破壊戦略』前掲書）.

(4) P. Burrows and J. Greene, "Yes, Steve, You Fixed It. Congrats! Now What's Act Two?" *BusinessWeek*, July 31, 2000.

(5) "CAT, TOT Near 3G Pact," *Bangkok Post*, June 26, 2011.

(6) R. Cooper, "Leadership Development Program: Knowledge-Intensive Growth at DuPont," *Wharton Leadership Digest*, July 2000.

(7) S. D. Anderson, "Elevate," *Fast Company*, December 2008-January 2009, 46.

(8) J. Neff, "TerraCycle Inc. Builds an Empire on a Foundation Made of Compost," *Waste & Recycling News*, January 23, 2012, 20.

(9) A. Aston, "Now, That's Really a Turf War," *BusinessWeek*, April 23, 2007, 12.

(10) T. Szaky, *Revolution in a Bottle* (New York: Portfolio, 2009); S. Taylor, "Worm Poop Barons Avoid a Legal Mess," *Maclean's*, October 22, 2007, 44.

(11) Szaky, *Revolution in a Bottle*, xviii.

(12) D. Roberts, "Under Armour Gets Serious," *Fortune*, October 26, 2011.

(13) M. Rich, "Weighing Costs, Companies Favor Temporary Help," *New York Times*, December 19, 2010.

第５章

(1) S. D. Anthony, *The Little Black Book of Innovation: How It Works, How to Do It*（Boston: Harvard Business Review Press, 2011）; Block and MacMillan, *Corporate Venturing*（邦訳『コーポレート・ベンチャリング』前掲書）; C. M. Christensen, S. D. Anthony, and E. A. Roth, *Seeing What's Next: Using the Theories of Innovation to Predict Industry Change* (Boston: Harvard Business School Press, 2004), xxxix, 312（邦訳『明日は誰のものか――イノベーションの最終解』宮

Missing Link," *Harvard Business Review*, May 2002, 75-83.
(6) C. Matlack, "Norway's Schibsted: No. 3 in Online Classifieds," *Bloomberg BusinessWeek*, October 14, 2010.
(7) C. Goff, "Putting the 'New' Back into Newspapers," *Financial Times*, February 8, 2005.
(8) "Compared to Schibsted's CEO [in Swedish]," NA24 Propaganda, February 10, 2010, www.na24.no/propaganda/article2534696.ece.
(9) K. Lowe, "Kjell Aamot: Johnston Press' New, Controversial Non-Executive Director," July 21, 2010, http://kristinelowe.blogs.com/kristine_lowe/2010/07/kjell-aamot-johnston-press-new-controversial-nonexecutive-director-.html.
(10) R. G. McGrath, K. Thomas, and T. Taina, "Extracting Value from Corporate Venturing," *MIT Sloan Management Review* 48, no. 1 (2006): 50.
(11) P. Burrows, "Nokia's Epic Fail: Stephen Elop's Nokia Adventure," *BusinessWeek*, June 3, 2011.
(12) 同前
(13) S. Rosenbush, et al., "Verizon's Gutsy Bet," *BusinessWeek* August 4 2003, 52-62.
(14) D. Searcey, K. B. Dennis, and A. Latour, "Verizon to Shed Phone-Book Unit; A Deal That Could Exceed $17 Billion Reflects Shift in Focus to TV, Internet," *Wall Street Journal*, December 5, 2005, A3.
(15) S. Ward, "You Can Really Hear Them Now," *Barron's*, February 2, 2009, 24.
(16) A. Thomson, "Losses Put Cemex Under Pressure," *Financial Times*, October 26, 2011.
(17) 同前
(18) S. Crista, "Obsolete Products Fuel a Cottage Industry" *EBN*, June 16, 2003, 4.
(19) D. S. Nelson, "Emperor of Steel," *Fortune*, July 12, 2006, 100.

第4章

(1) J. L. Bower, *Managing the Resource Allocation Process: A Study of Corporate Planning and Investment* (Boston: Division of Research,

Wall Street Journal, January 13, 2012.
(5) G. Beaubien, "Now Playing: Netflix Consumer Backlash," *Public Relations Tactics* 18, no. 10 (2011): 4.
(6) Grupo ACS, "Corporate Strategy," www.grupoacs.com/index.php/en/c/aboutacs_corporatestrategy.
(7) A. Mehta, "A Report of Organizational Behaviour of HDFC Bank," July 7, 2009, www.scribd.com/doc/17163923/A-Report-on-Organizational-BEHAVIOUR-of-HDFC-Bank.
(8) Senn-Delaney Leadership Consulting Group, "Interview with Atmos Energy CEO Bob Best," www.senndelaney.com/bobbestarticle.html.
(9) Seeking Alpha, "FactSet Research Systems CEO Discusses F4Q 2011 Results—Earnings Call Transcript," September 20, 2011, seekingalpha.com/article/294798-factset-research-systems-ceo-discusses-f4q-2011-results-earnings-call-transcript.
(10) Y. Nan, "Buying a Better Brew: Chinese Top Brewer's New Business Pattern Under Low Carbon Economy," *ChinAfrica*, November 2010, www.chinafrica.cn/english/company_profile/txt/2010-10/27/content_306815_2.htm.
(11) V. Mahanta, "How Aditya Pun Has Managed to Pull Off 30% Plus Growth for HDFC Bank," *Economic Times*, June 29, 2012.

第3章

(1) "RIM Thought iPhone Was Impossible in 2007," Electronista, December 27, 2010, www.electronista.com/articles/10/12/27/rim.thought.apple.was.lying.on.iphone.in.2007/.
(2) P. Nunes and T. Breene, *Jumping the S-Curve: How to Beat the Growth Cycle, Get on Top, and Stay There* (Boston: Harvard Business Review Press, 2011).
(3) A. G. Lafley, "What Only the CEO Can Do," *Harvard Business Review*, May 2009, 54-62.
(4) R. Foster and S. Kaplan, *Creative Destruction: Why Companies That Are Built to Last Underperform the Market—and How to Successfully Transform Them* (New York: Doubleday, 2011).
(5) L. Dranikoff, T. Koller, and A. Schneider, "Divestiture: Strategy's

August 1, 2004.
(6) S. Hori, "Fixing Japan's White Collar Economy: A Personal View," *Harvard Business Review*, November-December 1993, 157-172.
(7) K. Inagaki and J. Osawa, "Fujifilm Thrived by Changing Focus," *Wall Street Journal*, January 20, 2012.
(8) Hoover's Inc., *Fujifilm Holdings Full Report Company Profile*, 2012.
(9) W. Dabrowski, "Update 1――RIM Co-CEO Doesn't See Threat from Apple's iPhone," *Reuters*, February 12, 2007.
(10) A. Troianovski, "Cellphones Are Eating the Family Budget," *Wall Street Journal*, September 28, 2012.
(11) World Bank, "World Development Indicators and Global Development Finance," World DataBank, 2012.
(12) M. F. Guillén and E. García-Canal, *The New Multinationals: Spanish Firms in a Global Context* (New York: Cambridge University Press 2010).
(13) V. Mahanta, "How Aditya Puri Has Managed to Pull Off 30% Plus Growth for HDFC Bank," *Economic Times*, June 29, 2012.
(14) S. Srinivasan and K. Vasanth, "'Giving Back to Society Is What You Are About': Francisco D'Souza, CEO, Cognizant," *Outlook India*, 2012, http://business.outlookindia.com/print.aspx?articleid=470&editionid=18&ca-tgid=13&subcatgid=26.
(15) Mahanta, "How Aditya Puri Has Managed to Pull Off 30% Plus Growth for HDFC Bank."

第2章

(1) D. Searcey, K. B. Dennis, and A. Latour, "Verizon to Shed Phone-Book Unit; A Deal That Could Exceed $17 Billion Reflects Shift in Focus to TV, Internet," *Wall Street Journal*, December 5, 2005, A3.
(2) FundingUniverse, "Milliken & Co. History," www.fundinguniverse.com/company-histories/milliken-co-history/.
(3) T. J. Minchin, "Us Is Spelled U.S.: The Crafted with Pride Campaign and the Fight Against Deindustrialization in the Textile and Apparel Industry," *Labor History* 53, no. 1 (2012): 1-23.
(4) J. Bussey, "The Anti-Kodak: How a U.S. Firm Innovates and Thrives,"

(16) Anthony, The Little Black Book of Innovation; A. Ulwick, "Do You Really Know What Your Customers Are Trying to Get Done?" *Strategy and Innovation*, March 2003; I. C. MacMillan and R. McGrath, "Discovering New Points of Differentiation," *Harvard Business Review*, July-August 1997, 133-145.
(17) R. G. McGrath, "Finding Opportunities in Business Model Innovation," *European Financial Review*, June-July 2011, 14-17; R. McGrath, "Business Models: A Discovery Driven Approach," *Long Range Planning*, April-May 2010, 247.
(18) R. G. McGrath, I. C. MacMillan, and M. L. Tushman, "The Role of Executive Team Actions in Shaping Dominant Designs: Towards the Strategic Shaping of Technological Progress," *Strategic Management Journal* 13, issue S2 (1992): 137-161; I. C. MacMillan and R. G. McGrath, "Nine New Roles for Technology Managers," *Research-Technology Management* 47, no. 3 (2004): 16-26; R. G. McGrath, "The Misunderstood Role of the Middle Manager in Driving Successful Growth Programs," in *The Search for Organic Growth*, ed. E. D. Hess and R. K. Kazanjian (Cambridge, England: Cambridge University Press, 2006), 147-171; R. G. McGrath, "Early Warnings of a Pending Disruption in an Existing Business Model: A Leader's Responsibility," in *The 2009 Pfeiffer Annual Leadership Development*, ed. D. Dotlich et al. (San Francisco: John Wiley & Sons), 264-276.

第１章

(1) B. Trumbore, "The Hunt Brothers and the Silver Bubble," BUYandHOLD, 2012, http://www.buyandhold.com/bh/en/education/history/2000/hunt_bros.html.
(2) S. McGee, "The Index's Dark Days in 1980," *Wall Street Journal*, 1996.
(3) L. M. Fuld, *The Secret Language of Competitive Intelligence: How to See Through and Stay Ahead of Business Disruptions, Distortions, Rumors, and Smoke Screens* (New York: Crown Business, 2006).
(4) I. M. Kunii, G. Smith, and N. Gross, "Fuji: Beyond Film," *BusinessWeek*, November 21, 1999, 132-138.
(5) L. Fuld, "How to Anticipate Wrenching Change," *Chief Executive*,

Harvard Business Review, July 1995, 44-54.
(5) D. Rigby, "Management Tools and Techniques: A Survey," *California Management Review*, January 2001, 139-160.
(6) A. Humphrey, "SWOT Analysis for Management Consulting," *SRI Alumni Newsletter*, December 2005.
(7) I. C. MacMillan, "Seizing Competitive Initiative," *Journal of Business Strategy* 2, no. 4 (1982): 43.
(8) R. A. D'Aveni and R. E. Gunther, *Hypercompetition: Managing the Dynamics of Strategic Maneuvering* (New York: The Free Press, 1994); I. C. MacMillan, "Controlling Competitive Dynamics by Taking Strategic Initiative," *Academy of Management Executive* 2, no. 2 (1988): 111-118.
(9) M. Boisot, *Information Space: A Framework for Learning in Organizations, Institutions and Culture* (London: Routledge, 1995).
(10) C. M. Christensen, *The Innovator's Dilemma: When New Technologies Cause Great Firms to Fail* (Boston: Harvard Business School Press, 1997), xxiv, 225.（邦訳『イノベーションのジレンマ――技術革新が巨大企業を滅ぼすとき（増補改訂版）』玉田俊平太監修、伊豆原弓訳、翔泳社、2001年）
(11) S. D. Anthony, *The Little Black Book of Innovation: How it Works, How to Do It* (Boston: Harvard Business Review Press, 2011).
(12) R. G. McGrath, "A Real Options Logic for Initiating Technology Positioning Investments," *Academy of Management Review* 22, no. 4 (1997): 974-996.
(13) R. G. McGrath, "Falling Forward: Real Options Reasoning and Entrepreneurial Failure," *Academy of Management* Review 24, no. 1 (1999): 13-30; R. G. McGrath, "Failing by Design," *Harvard Business Review*, April 2011, 76-83; R. Gunther and K. Thomas, "The Value Captor's Process: Getting the Most out of Your New Business Ventures," *Harvard Business Review*, May 2007, 128.
(14) McGrath and MacMillan, *MarketBusters*.（邦訳『市場破壊戦略』前掲書）
(15) I. C. MacMillan and R. G. McGrath. "Crafting R&D Project Portfolios," *Research-Technology Management* 45, no. 5 (2002): 48-59.

原注

はじめに

(1) W. Kiechel, *The Lords of Strategy: The Secret Intellectual History of the New Corporate World* (Boston: Harvard Business Press, 2010)（邦訳『経営戦略の巨人たち——企業経営を革新した知の攻防』藤井清美訳、日本経済新聞出版社、2010年）; B. D. Henderson, "The Experience Curve Revisited," *bcg.perspectives* 229, 1980; M. Porter, *Competitive Advantage: Creating and Sustaining Superior Performance* (New York: The Free Press, 1985).（邦訳『競争優位の戦略——いかに高業績を持続させるか』土岐坤訳、ダイヤモンド社、1985年）

(2) R. G. McGrath and I. C. MacMillan, *The Entrepreneurial Mindset: Strategies for Continuously Creating Opportunity in an Age of Uncertainty* (Boston: Harvard Business School Press, 2000), xv, 380（邦訳『アントレプレナーの戦略思考技術——不確実性をビジネスチャンスに変える』大江建監訳、社内起業研究会訳、ダイヤモンド社、2002年）; R. G. McGrath and I. C. MacMillan, *MarketBusters: 40 Strategic Moves That Drive Exceptional Business Growth* (Boston: Harvard Business School Press, 2005)（邦訳『市場破壊戦略——競争ルールを激変させる40の戦術』大江建監訳、森武美穂訳、ダイヤモンド社、2006年）; R. G. McGrath and I. C. MacMillan, *Discovery-Driven Growth: A Breakthrough Process to Reduce Risk and Seize Opportunity* (Boston: Harvard Business Press, 2009).

(3) R. A. Burgelman, "A Process Model of Internal Corporate Venturing in the Diversified Major Firm," *Administrative Science Quarterly* 18, no. 2 (1983): 223-244; K. Eisenhardt and B. Tabrizi, "Accelerating Adaptive Processes: Product Innovation in the Global Computer Industry," *Administrative Science Quarterly* 40, no. 1 (1995): 84-110; Z. Block and I. C. MacMillan, *Corporate Venturing: Creating New Businesses within the Firm* (Boston: Harvard Business School Press, 1993), x, 371.（邦訳『コーポレート・ベンチャリング——実証研究・成長し続ける企業の条件』社内起業研究会訳、ダイヤモンド社、1994年）

(4) R. G. McGrath and I. C. MacMillan, "Discovery-Driven Planning,"

統合利益が生まれない……87
ミリケン・アンド・カンパニー…33-35
極端な人員削減や再編よりも継続的な変貌……33-35
ミリケン，ロジャー……33
ムラーリー，アラン……32,170
秘密は管理できない……170
モスカル，クリス……149
モットラム，ニアール……138
モドゥルスン，フランク……96,98,102-104
モンソン・ハビエル……166

や・ら行

ヤフー
撤退への対処……24,67
ヤフーについて……19,39
ユニバーシティー・ナウ……216
ラフリー，A・G……67
リサーチ・イン・モーション(RIM)……9,63
リージャス……219,221
リース，エリック……182-183
リスダル，ロルフ・エリク……71
流動世代……209
『リーン・スタートアップ』……182
リンドグレーン，ジョーダン……110
例外的成長企業
一時的優位性の波をうまく管理…17-20
オプション志向のアプローチ……55-58
戦略の新たなシナリオ……20-27
例外的成長企業とは……19,38
連邦運搬設備管理組合（CHEP）……152
ロイ，トム……180
ロボ，ルディー……219,221

ノキア
1980年代の撤退戦略……74
OSの開発中止……77-79
独りよがりの問題……75-76
矛盾をはらむ目標……42
ノーマン，アリソン……49

は行

バイエル，ジョン……108
バグハイ，メルダッド……153
パッテン，アレックス・ファン……150,156
浜辺真紀子……24,52-53,67
バルシリー，ジム……9
ハンツマン，ジョン・シニア……86
ハント，ウィリアム・ハーバート…2
ハント，ネルソン・バンカー……2
ピアソン……149
ピエラントッツィ，ロン……150,156
ビジネスチャンスのポートフォリオ
足がかり……144-145
スカウティング・オプション……144
中核事業の強化……143
プラットフォームの立ち上げ……143
ポジショニング・オプション……144
モデル……142
ビーチラー，ショーン……214
ファイブフォース分析……iii
ファクトセット
企業文化の宣伝……42
競争要因の革新……54
顧客維持率……218
ファクトセットについて……19,38
ファスト・カンパニー……202,209
フォスター，リチャード……68
フォード・モーター……32
富士写真フイルム……2-5,168
プランク，ケビン……110-113
ブランブルズ
イノベーション・システムの構築……156-157
イノベーション事例……162-163
イノベーション・ダッシュボード……160-161
イノベーションに習熟するための知恵……160-163
イノベーションのサポート体制……158-160
イノベーション管理プロセス…154-156
イノベーションへのインセンティブ……161
外部の人々との協力……157
具体的かつ現実的なことから始める……157-158
現状の分析……153-154
上級幹部からの支持……154
ブランブルズについて……151-153
プリ，アディチャ……26,57
プリフィテラ，アウレリオ……149
プロヒット，サンジャイ……24,50,93,130
ヘイスティングス，リード…35-36,73
ベスト，ボブ……42
ベライゾン……32-33,80-81
ベルリッツ
中核事業の再活性化……173-177
ブランドの方向転換……174
ペレス，フロレンティーノ……25
ボーダフォン……134
ポーター，マイケル……iii
ホリディ，チャド……105-106
ホワイトリー，トム……167

ま行

マイクロソフト……120
マイヤー，フォード……207
マクガーハン，アニタ……197
マクミラン，イアン……107,181
マッキンストリー，ナンシー……47,65,93,218
マティアッチ，マルコ……214
マーフィー，ブラッド……118
ミーゴ……77
ミッタル・ラクシュミー……86

幹部教育 213-218
研修と人材開発 43
短期雇用のトレンド 115-116
リーダーシップの開発 184-185
職探しツールキット 207
ジョブズ，スティーブ 95
処分特売 81-82
人材開発 43-44
診断ツール
あなたの組織の仕事の進め方 28
一時的優位性の経済への準備 203
イノベーション・ダッシュボード 160-161
ビジネスチャンスのポートフォリオ 143
優位性が消滅する早期警報 204-205
新聞事業 70-72
スキルズ・ハイブ 117
スコッツ・ミラクル＝グロ 109
ストラテジン 142
スナイダー，チャールズ 132
スピンブラシ 183
スペンサー，ロバート 151,160
スミス，ダグ 179
整然とした移動 70-73
セメックス 81-82,186
『創造的破壊』 68
ソニー 3,92-93
ソフトバンク 209
孫正義 209

た行

大規模オンライン公開講座(MOOC) 217
脱出 83-85
ダベニー，リチャード vii
短期雇用のトレンド 116
チャクラバティ，K・C 134
チャレンジ主導型イノベーション 130
チャン，シー 49
超競争(ハイパーコンペティション) vii
青島ビール
継続的なイノベーション企業 54
青島ビールについて 19,38
ディクソン，マーク 222
デスーザ，フランシスコ 26,50,135
撤退戦略
イノベーションに対する収穫逓減 63-64
ガレージセール 79-81
健全な撤退の原則 87
コモディティー化の進展 64-65
最後に残る者 85-88
処分特売 81-82
衰退の早期警報 63-66
整然とした移行 70-73
戦略の新たなシナリオ・撤退 62
脱出 83-85
撤退戦略の概要 70
撤退を決めるのは誰か 66-68
土壇場のロングパス 73-79
優位性の撤退フェーズ 16
手元資金維持プログラム 188,191-193
デュポン 106-107
知識集約型成長プログラム 147
テラサイクル 108-110
統治
スピードの必要性 181
人質にされる資源の問題 51-52,92-93
トゥミ 184
土壇場のロングパス 73-79
『取り逃がした未来』 179

な行

内部ネットワークとの協力 180
ナーラーヤナン，ラクシュミ 26
ニーズ主導型イノベーション 130
ネットフリックス
顧客の激怒 35-37,72-73
事業の移行 69

新たな活動のための資源 …… 220
多くの人が手の届く教育 …… 217
幹部教育 …… 213-218
来たるべき事態に備える …… 208
給与以外の収入源 …… 220-221
個人の成功の秘訣の変化 …… 200-202
異なる経験 …… 209-210
職を失う準備ができている …… 206-208
戦略の新たなシナリオ・個人レベルで考える …… 197
波を乗りこなせる人材 …… 196-199
ネットワークへの関わり …… 219-220
バッファーの準備 …… 220
非正規雇用 …… 196
引っ越しや移動 …… 221-223
別の組織で職を見つけるのは簡単だ …… 204-206
優位性が消滅する早期警報 …… 204-205
有用な新しいスキルを身につける …… 210-212
コソネン，ミッコ …… 42
コダック …… 2-5,167-170
ゴパラクリシュナン，クリス …… 43,57,130,172,185
ゴーマン，トム …… 152,163
コモディティー化している事業 …… 94
古森重隆 …… 4
コリン，ハリー …… 82
コロンビア大学ビジネススクール …… 213
コロンビア大学上級幹部向け教育プログラム（CSEP） …… 213,215
コーチング …… 213
プログラムの変遷 …… 215

さ行

再構成フェーズ …… 16
最後に残る者 …… 85-88
サイデンバーグ，イワン …… 80
サゲンティア
競争へのアプローチ …… 139
継続的イノベーション …… 136
顧客ニーズの見極め …… 137
従業員との関係 …… 47
情報収集 …… 137
セクター組織 …… 137
トレンド分析 …… 137-140
ザッキー，トム …… 108
サティヤム・コンピューター・サービス …… 50
サレンバーガー，チェズレイ・B …… 189
ザンブラーノ，ロレンツォ …… 82
資源配分の活用
ACS …… 25
アクセンチュアのやり方 …… 102-104
インフォシス …… 50,93
オプション志向 …… 108
オンデマンド雇用 …… 117-119
抱え込まれる資源の問題 …… 92-93
外部資源の活用 …… 120-121
競争力のない資産を捨て去る …… 96-101
好まれる資産 …… 121
サゲンティア …… 140
資産負債 …… 90,104
所有せず、利用する …… 113-119
戦略の新たなシナリオ・資源と組織 …… 91
手際の良さを向上させる …… 90
ビジネスチャンスに合わせて組織をつくる …… 105-107
レガシー資産の整理 …… 93-95
資産の利用
オンデマンド雇用 …… 117-119
所有よりも利用 …… 113-117
短期雇用のトレンド …… 115-116
利用に対価を支払う …… 114
資産負債 …… 90-91,104-105
持続する競争優位 …… iii
シブステッド …… 70-72
ジャコビー，ライアン …… 183
ジャスタス，マルコス …… 11,174
従業員
安定した関係 …… 46-48
オンデマンド雇用 …… 117-119

フィルム不要の技術……3
オーチャード，マイク……117
オッシャー，ジョン……184
オニール，ポール……187
オプション志向のアプローチ
アンダー・アーマーの資源の倹約……110-112
資産・資源の活用……108
テラサイクルの低予算による起業……108
例外的成長企業の考え方……55
オーモット，シェル……71

か行

解決すべき課題という視点……130
開始フェーズ……14
ガイダー，エイドリエン・ジョンソン……180
学習能力の原則……194
確証バイアス……177
『仮説指向型成長』……132,142
仮説指向計画法……150,156
活用フェーズ……15
カプラン，サラ……68
ガレージセール……79-81
カーン・アカデミー……211,216
カーン，サルマン……211
幹部教育……213-218
ギア・ストリーム……118
キャメロン・アソシエイツ……142,150
(一時的優位性の時代の) キャリアパス……201
ギュンター，ウォルフガング……167-170
競争優位
アリーナの分析……11-14
安定こそ危険な状態……8-9
業界が最も重要……6-7
業界内の競争が最大の脅威……10
自社の仕事の進め方……28-29
持続する競争優位の結末……6
進化のフェーズ……14-17
戦略の新たなシナリオ……20-27
富士フイルムの成功……2-5
優位性は持続するという想定……7
銀の買い占め (1970年代)……2
クウィックスター……36
グーグル……128
クーパー，ボブ……106,147
クラインフェルト，クラウス……186
クリステンセン，クレイトン……133
グリーン，ウィリアム……98
グリーンウォルド・ブルース……80
クルカ
イノベーションの活用……131
クルカについて……19,38
スピードと柔軟性……52
クルマン，エレン……106
グーレイ，アレックス……171
クレイブン，ブルース……214
クレッパー，ビル……181
継続的な変貌……32-35
安定性とアジリティーの逆説的な結びつき……58-60
うまく生き抜いた組織……32
戦略の新たなシナリオ・再構成……33
ネットフリックスの例……35-37
例外的成長企業……38
顧客
競争優位の転換……36
サゲンティアの例……136-140
製品乗り換え……72
ニーズ主導型イノベーション……130
ベルリッツの例……173-177
国際的な鉄鋼事業……87
コグニザント・テクノロジー・ソリューションズ
イノベーション管理システム……127,132
顧客をつかむ……218
コグニザントについて……19,38
成長目標……40
ビジネスの移行……49-50
リーダーのマインドセット……26-27
個人にとっての一時的優位性
CEOの報酬……199

『アントレプレナーの戦略思考技術』 …… 131
アントン，ケビン …… 189-190
　ハドソン川の奇跡 …… 189
（イノベーションの）育成 …… 133-134
一時的競争優位の時代のリーダーシップとマインドセット
　学習能力の原則 …… 194
　確証バイアス …… 177
　活動を状況に適応させる …… 183
　共通の価値観や企業文化 …… 182
　グループに権限を与える …… 179
　コダックの正念場 …… 167-170
　スピードの必要性 …… 181-182
　戦略の新たなシナリオ・マインドセット …… 166
　多様性の大切さ …… 172
　撤退を決めるのは誰か …… 66-68
　トップダウン方式 …… 178
　耳が痛い情報をあえて求める …… 170-172
　問題の否定（の危険性） …… 168
　野望 …… 39-42
　リーダーシップ開発の必要性 …… 184-185
　リーダーに求められるマインドセット …… 166,193
一時的優位性の経済 …… 223
一時的優位性の波
　開始フェーズ …… 14
　活用フェーズ …… 15
　再構成フェーズ …… 16
　成長フェーズ …… 14-15
　撤退フェーズ …… 16
イノサイト …… 142
イノベーションに習熟するために
　管理プロセスをつくりあげる …… 148
　具体的かつ現実的なことから始める …… 149-150
　現実とのギャップを実感する …… 142-145
　サポート体制を築く …… 151
　上級幹部の賛同を得る …… 146-147
　新システムを組織へ導入する …… 148
　専門技術の習得 …… 141
　（イノベーティブな組織と）提携する …… 142
　ビジネスチャンスのポートフォリオ …… 143-146
イノベーションの仮説プロセス …… 131-132
イノベーションの加速 …… 134-135
イノベーションへの習熟
　アイデア形成プロセス …… 128-131
　育成プロセス …… 133-134
　イノベーションのライフサイクル …… 124-125
　仮説プロセス …… 131-132
　加速プロセス …… 134-135
　全体的な枠組みと役割 …… 126-128
　戦略の新たなシナリオ・イノベーションに習熟する …… 125
イングラム，ポール …… 214
インド準備銀行 …… 134
インドラ・システマス
　MIDAS …… 128
　インドラ・システマスについて …… 19,38
　買収 …… 57
　明確な計画 …… 166
インフォシス
　イノベーションを本業ととらえる …… 54
　インフォシスについて …… 19,38
　会社の再編 …… 24
　自社の戦略とあったアイデアを明確にする …… 130
　人材・人員の移動 …… 32
　迅速な予算編成 …… 51-52
　リーダー育成の哲学 …… 185
インフォシス教育センター …… 43
ウィレ，ハワード …… 132
ウェイド，ジーン …… 216-217
ウォルターズ・クルワー …… 47,65,93,218
エリクソン …… 95
エロップ，スティーブン …… 76
大西實 …… 3,168
　写真事業以外にも進出 …… 4

索引

アルファベット

ACSグループ
　ACSについて……19,38
　イノベーション管理システム……128
　資産の管理……25
BAEシステムズ……57
CLSコミュニケーション……43
CSEP……213,215
FINN.no……70
GDCA……83-84
HDFC銀行
　HDFCについて……19,38
　イノベーションの体系化……26
　構想の試行……133-134
　素早く動く……56-57
　ミッション……40
ICICI銀行……56
IDEO……142
iPhone……9
ITシステム
　アクセンチュアのシステム入れ替え……96-101
　技術管理体制の進化……99
　つぎはぎ細工……98
　レガシー・システム……96-97
MOOCs……217
P&G……120

あ行

(イノベーションの) アイデア形成……128-131
アウトソーシングと効率化……95
アクサ・エクイタブル……180
アクセンチュア
　外部資源の活用……120-121
　技術管理体制の強化……99
　技術的負債……104
　既得権を奪う……102-104
　競争力のない資産を捨て去る……96-101
アジリティーの源泉
　痛みを伴わない変革……48-50
　オプション志向のアプローチ……55-58
　柔軟性……52-53
　迅速な予算編成……51-52
　本業としてのイノベーション……53-55
アップル……9,95,184
アトモス・エナジー
　アトモス・エナジーについて……19,38
　目標……40
アバイア……84
アバナード……120
アラフータ，マッティ……74
アリーナ
　アリーナの特徴……11-12
　業界的視点との違い……12-14
　異なる戦略……12
　能力やスキルの創出……12
アリ，モハマド……84-85
アルウィック，トニー……129
アルコア
　クラインフェルト，クラウス……186
　合同チーム……191
　成長エンジンへの再点火……192-193
　手元資金維持プログラムの成功……191-192
　手元資金の危機……188-189,191-192
　突飛なアイデア……190
アルセロール・ミッタル……87
アルビセル，ドリス……44
アンソニー，スコット……130
アンダーアーマー……110-113
アンダースン，ブラッド……105
安定性の源泉
　アイデンティティーと文化……42-43
　安定した関係……46-48
　人材開発……43-44
　戦略とリーダーシップ……44-46
　野望……39-42

著者略歴

リタ・マグレイス（Rita Gunther McGrath）

コロンビア大学ビジネススクール教授。不確実で不安定な経営環境における戦略の権威として、世界的に高く評価されている。ピアソン、コカ・コーラ、GE、アライアンス・ブーツなどの企業にコンサルティングを行っている。2011年、2013年には経営に関する世界的な賞である「Thinkers50」によって、「経営思想においてもっとも影響力ある20人」および「ツイッターでフォローすべきビジネススクール教授10人」の1人に選ばれている。2009年、戦略経営協会フェローに就任、2013年より首席フェロー。

共著として2009年『*Discovery-Driven Growth: A Breakthrough Process to Reduce Risk and Seize Opportunity*』（仮説指向型成長　リスクを減らし機会をつかむブレークスルー・プロセス）、2005年『*MarketBusters: 40 Strategic Moves That Drive Exceptional Business Growth*』（邦訳：市場破壊戦略　競争ルールを激変させる40の戦術、ダイヤモンド社）、2000年『*The Entrepreneurial Mindset*』（邦訳：アントレプレナーの戦略思考技術　不確実性をビジネスチャンスに変える、ダイヤモンド社）。『市場破壊戦略』は「Strategy+Business」誌によって、2005年のベスト経営書の1冊に選ばれた。

「ハーバード・ビジネスレビュー」誌に多数の論文を寄稿。なかでも『仮説指向計画法』（1995年）はリーン・スタートアップのムーブメントを先取りしたものとして、現在でも読まれている。研究者としての評価も高く、権威ある経営誌のほとんどから賞を贈られている。テレビ・ラジオにレギュラー出演し、「ウォール・ストリート・ジャーナル」紙をはじめ多数の新聞や雑誌に取り上げられてきた。人気教師、講演者としても活躍中。

情報技術ディレクターなどをへて、2つのビジネスを立ち上げたのち、1993年より現職。ペンシルベニア大学ウォートン経営大学院で博士号取得。バーナード・カレッジ、コロンビア大学国際関係・公共政策大学院でも学位を得ている。既婚。2人のすばらしい子供たちを育て上げた母であることに誇りをもっている。

ウェブ　www.ritamcgrath.com
ツイッター　@rgmcgrath

訳者略歴

鬼澤忍（おにざわ・しのぶ）

翻訳家。1963年生まれ。成城大学経済学部経営学科卒。埼玉大学大学院文化科学研究科修士課程修了。

主な訳書に『これからの「正義」の話をしよう』『人類が消えた世界』（以上、早川書房）、『君臨する企業の6つの法則』（日本経済新聞出版社）などがある。

競争優位の終焉

2014年 6 月18日　1 版 1 刷

著　者　リタ・マグレイス
訳　者　鬼澤忍
発行者　斎藤修一
発行所　日本経済新聞出版社
東京都千代田区大手町1-3-7　〒100-8066
電話（03）3270-0251（代）
http://www.nikkeibook.com/
印刷・製本　中央精版印刷
本文ＤＴＰ　朝日メディアインターナショナル

ISBN978-4-532-31938-0